Jungs starten durch!

145 Dinge, die Jungs wissen sollten –
Für Jungen von 10 bis 14 Jahren

Autor Kai Burkmann

Inhaltsverzeichnis

Vorwort   3

KAPITEL 01

Die körperlichen und hormonellen Veränderungen   5

KAPITEL 02

Der Stimmbruch   13

KAPITEL 03

Der Bart wächst – Die erste Rasur   21

KAPITEL 04

Die richtige Ernährung für deine Entwicklung   29

KAPITEL 05

Aktiv durch den Tag   39

KAPITEL 06

Mehr Selbstbewusstsein   51

KAPITEL 07

Die Sprache der Mädchen – Mag sie mich?   69

KAPITEL 08

Sie ist toll – Was kann ich tun?   85

KAPITEL 09

Verantwortung, Unsicherheiten und Probleme   95

Schlusswort   105

Vorwort

Bist du zwischen neun und fünfzehn Jahre alt und wunderst dich, warum das Leben sich gerade wie eine Achterbahnfahrt anfühlt? Dann bist du sicher nicht allein. In dieser Zeit beginnt die Pubertät und die wirkt sich nicht nur auf deinen Körper, sondern auch auf deine Psyche aus.

Unzählige Fragen tauchen in deinem Kopf auf. Ist das normal oder nicht? Geht es anderen Jungen genauso? Manche ziehen sich zurück, weil sie sich selbst nicht verstehen. Und sie können sich nicht vorstellen, dass irgendwer etwas mit ihnen zu tun haben will.

Diese Art der Verunsicherung ist völlig normal und du kannst dir auch sicher sein, dass es deinen Freunden ähnlich geht. Schuld daran sind die Hormone. Der Körper reagiert darauf mit rasantem Wachstum in vielen Bereichen sowie mit Stimmungsschwankungen und Stimmbruch.

All das zeigt dir, dass du erwachsen wirst. Leider nicht von heute auf morgen ... die Pubertät kann sich ganz schön ziehen. Vor allem dann, wenn man sie als störend empfindet. Versuche stattdessen, die Pubertät als eine Reise zu sehen. Eine Reise mit spannenden Stationen.

Damit dich die einzelnen Stationen nicht völlig unvorbereitet treffen, hast du dieses Buch zur Hand. Dieser Ratgeber kann dich dabei begleiten, der Kindheit Lebewohl zu sagen und dich auf das Erwachsensein vorzubereiten. Er soll dir dabei helfen, all die Veränderungen anzunehmen und zu verstehen. Und vor allem soll dieses Buch dir zeigen, dass du auf keinen Fall allein bist.

01
KAPITEL

Die körperlichen und hormonellen Veränderungen

Was ist nur auf einmal mit dir und deinem Körper los? Du erkennst dich kaum wieder. Ständig hast du Zoff mit deinen Eltern, deine Freunde benehmen sich auch komisch und das Schlimmste: du interessierst dich plötzlich für Mädchen!

Willkommen in der Pubertät. Den Startschuss für diese Zeit zwischen Kindheit und Erwachsensein gibt der Hypothalamus. Indem er die Ausschüttung von Gonadotropin-Releasing-Hormonen, kurz GnRH, ankurbelt. Diese Hormone stimulieren die Aktivität der Geschlechtsdrüsen und beeinflussen die Ausscheidung von Sexualhormonen.

Jeder Junge entwickelt sich anders. Während der eine schon mitten in der Pubertät steckt und eine Veränderung der nächsten folgt, wartet der andere im gleichen Alter noch, oder kommt nur langsam voran.

Nur weil du vielleicht etwas langsamer durch die Pubertät kommst, als dein bester Freund, wirst du später nicht weniger Mann sein als er.

Das heißt also für dich: Immer ruhig bleiben und die Veränderungen annehmen, wie sie sind! Sie machen dich aus und lassen dich zu einem Mann werden, den es so nur dieses eine Mal gibt!

1. Wachstumsschub

Wenn du in der Pubertät bist, wirst du einen deutlichen Wachstumsschub erleben. Das kannst du daran erkennen, dass deine Kleider plötzlich nicht mehr passen. Auch aus deinen Schuhen wächst du schneller heraus, als es bisher der Fall war.

Es kann durchaus passieren, dass du in einem Jahr bis zu zehn Zentimeter wächst.

Ungewöhnlich ist es also nicht, wenn deine neue Hose schon nach kurzer Zeit nicht mehr passt und du sogar deinen Lieblingspullover weglegen musst. Du befindest dich mitten in der Pubertät.

2. Knochen

Auch deine Knochen werden in dieser Phase wachsen, aber das geschieht nicht immer gleichmäßig. Auch dein Gesicht wird nicht mehr ganz so aussehen wie zuvor, da sich z.B. dein Kiefernknochen verändert. Sei also nicht verunsichert, wenn du in den Spiegel schaust. Du scheinst jetzt vielleicht sehr dünn und verändert zu sein, aber das wird sich alles wieder geben. Nach einer gewissen Zeit wirst du nichts mehr von diesen Unsicherheiten spüren.

3. Muskeln

Das Wachstum deiner Muskeln hängt stark von den genetischen Faktoren ab. Wenn deine Eltern kräftig gebaut sind, kann das bei dir auch der Fall sein. Aber du kannst auch selbst sehr viel tun. Wenn du regelmäßig Sport treibst (aber im Wachstum nicht übertreibst), kannst du das Wachstum deiner Muskeln durchaus fördern.

Achte aber auf ein Gleichgewicht zwischen guter Ernährung und Sport! Deine Eltern werden dich unterstützen!

4. So viele Haare

In der Pubertät beginnt auch das Wachstum der Haare am ganzen Körper. Das wird dir zu Beginn vielleicht nicht gefallen, aber mit der Zeit wirst du es annehmen. Das Bartwachstum wird dich sicherlich glücklich stimmen, während Haare am Rücken und an den Beinen nicht immer auf positive Gefühle stoßen. Genauso wird unter deinen Armen und im Intimbereich die Beharrung einsetzen. Ähnlich sieht es auch an den Beinen aus. Hier sind die Haare besonders dick.

Wenn du blond bist, wirst du dich vielleicht wundern wenn die Behaarung des Körpers farblich anders aussieht als dein Kopfhaar. Meistens sind die Haare dunkel bis schwarz und je nach Körperstelle auch sehr dicht.

5. Testosteron

Auf deinem Weg des Älterwerdens kommt es endlich zum Einsatz: Das Testosteron. Irgendwann gibt dein Körper den Startschuss und dann wird es in deinem Gehirn freigesetzt.

Es beginnt damit, dass im Hypothalamus das Hormon GnRH gebildet wird. Ist das gebildet, wird in einem weiteren Teil des Gehirns das FSH und LH produziert. Diese Hormone gelangen in deine Blutbahn und schicken sozusagen eine Nachricht an deine Hoden. Es beginnt die Bildung der Geschlechtshormone: Testosteron kommt zum Einsatz!

6. Weitere Beeinflussung durch Testosteron

Nun befindest du dich im Hormonchaos. Aber es bringt dich auch weiter. Läuft diese Produktion an, dann wird auch bald der Stimmbruch und das Wachstum der Knochen einsetzen. Das ist doch eine sehr gute Nachricht, oder?

Es kann aber auch passieren, dass du unter Stimmungsschwankungen leidest. Alles eine Wirkung der Hormone auf deinen Körper!

7. Erste Ejakulation

Beginnt die Bildung der Sexualhormone, wird sich auch recht bald deine erste Erektion und der erste „nächtliche Samenerguss" einstellen. Viele Jungen berichten davon, einen sogenannten „feuchten Traum" gehabt zu haben. Leider wirst du von diesem unbewussten Orgasmus nicht wirklich etwas mitbekommen. Nur an den Flecken auf der Bettwäsche wirst du erkennen, dass du deinen ersten Samenerguss hattest.

Das Gefühl, das du danach hast, wirst du als sehr angenehm empfinden. Du kannst dich also ruhig darauf freuen und es muss dir auf keinen Fall unangenehm sein. Es gehört zum Erwachsenwerden dazu und deine Eltern werden es sicherlich nicht schlimm finden! Rede offen mit ihnen darüber und verheimliche es nicht. Es ist völlig natürlich und das werden sie dir auch bestätigen können.

8. Wachstum des Geschlechts

In der Pubertät beginnt auch dein Penis zu wachsen. Das wirst du vielleicht schon mit Spannung erwarten. Unter der Gemeinschaftsdusche nach dem Sport oder in der Toilette wird dir vielleicht auffallen, dass der Penis deines Freundes ganz anders aussieht. Dass du hingeschaut hast, muss dir überhaupt nicht peinlich sein. Das ist normal und gehört zur Entwicklung dazu.

Wenn nun Sorgen in dir aufkommen, mach sie nicht wichtig. Du bist völlig normal und zur Beruhigung: Jeder Penis sieht anders aus. Also mache dich nicht verrückt, weil der eine größer und der andere kleiner ist: Es ist alles gut so, wie es ist!

9. Schweißgeruch

Mit der Pubertät werden auch deine Schweißdrüsen beginnen, stärker zu arbeiten. Das heißt, du kommst deutlich schneller ins Schwitzen und wirst auch stärker riechen. Der Geruch entsteht durch die Bakterien, die den Schweiß in seine Einzelbausteine zersetzen.

Das geht aber auch anderen Jungen so. Wichtig ist nur, dass du es rechtzeitig erkennst und dagegen vorgehst. Wenn du dich regelmäßig gründlich wäschst, machst du schon einen ersten Schritt in die richtige Richtung.

10. Das richtige Duschgel

Bei der Wahl des Duschgels solltest du auf deine Haut achten. Juckende Haut kann schnell zu einem nervigen Problem werden. Greif lieber auf Produkte für sensible, empfindliche Haut zurück.

11. Deospray

Die Auswahl an Deodorants ist groß. Du hast nicht nur die Qual der Wahl bei den Düften sondern auch bei der Art der Deodorants. Es gibt Sprays, Roll-Ons und Cremes. Welches für deine Bedürfnisse das Beste ist, musst du ganz allein herausfinden. Im Internet findest du viele Testergebnisse, an denen du dich orientieren kannst. Selbstverständlich kannst du dich auch jederzeit an deine Eltern wenden.

12. Fettige Haare und Pickel

Ärzte nennen es Seborrhö und es ist eines der Phänomene, das den Jugendlichen das Leben in der Pubertät schwer macht. Die fundamentalen Umbauarbeiten, die in dieser Zeit stattfinden, wirken sich auch auf die Haare aus. Kurz nach dem Waschen sehen die Haare schon wieder fettig aus. Durch die hormonelle Veränderung wird die Talgproduktion im ganzen Körper übermäßig angekurbelt.

Aber nicht nur die Haare, an deren Wurzeln besonders große Drüsen sitzen, werden dadurch fettig. Auch die Haut im Gesicht glänzt mehr und wenn die Poren verstopfen, entstehen Pickel. Im schlimmsten Fall sogar Akne. Wie sehr sich die Hormonausschüttung auf die Talgdrüsen auswirkt, ist bei jedem unterschiedlich. Auch die genetische Veranlagung beeinflusst, ob jemand zu trockener oder fettiger Haut neigt.

13. Stimmbruch

Mit der Veränderung der Hormone verändert sich auch deine Stimme. Wie das passiert, wann du damit rechnen kannst und auf was du dabei achten musst, erfährst du im nächsten Kapitel.

KAPITEL 02

Der Stimmbruch

Plötzlich scheint sich etwas zu verändern. Deine Stimme hört sich nicht mehr so an, wie zuvor. Irgendwie scheint sie überhaupt keinen richtigen Klang mehr zu haben. Mal ist sie tiefer, mal höher. Du versuchst, normal zu sprechen, aber es scheint einfach nicht zu gehen. Was ist da los? Die Frage ist schnell beantwortet: Du befindest dich mitten im Stimmbruch.

Das ist völlig normal! Diese Phase machen alle Jungen in der Pubertät durch. Auch wenn es jetzt zu einem komischen Klang deiner Stimme führt, wirst du später glücklich darüber sein: Denn am Ende ist sie tiefer und männlicher als vor dieser Zeit. Das klingt doch gut, oder?

Auch wenn das gute Aussichten sind, hast du sicherlich noch viele Fragen. Du möchtest vorbereitet sein und vielleicht wünschst du dir auch, die Anzeichen eher erkannt zu haben.

Dieses Kapitel wird all deine Fragen beantworten.

Allerdings ist für dich auch wichtig zu wissen, dass jeder Junge anders ist. Es muss nicht verkehrt sein, dass nur ein Anzeichen bei dir auftritt, während dein bester Freund sie alle erlebt. Es ist ganz unterschiedlich!

Aber dennoch: Hiermit hast du einen kleinen Wegweiser, der dir hilft und dir sagt: Hey, es ist alles in Ordnung! Du bist auf dem Weg, ein toller Mann mit einer tiefen Stimme zu werden!

14. Heiserkeit

Es fühlt sich an wie bei einer Erkältung ... du versuchst, normal zu reden, aber irgendwie macht deine Stimme nicht so wirklich mit. Es klingt eher wie ein Krächzen und das meiste von dem, was du sagst, ist für die anderen gar nicht zu verstehen. Nur, wenn diese Heiserkeit durch einen beginnenden Stimmbruch bedingt ist, hattest du auch keine Erkältung. Natürlich kann dir der Zufall einen Streich spielen, aber diese Wahrscheinlichkeit ist eher gering. Die Heiserkeit gilt somit als recht sicheres Anzeichen für den Beginn des Stimmbruchs!

15. Kippende Stimme

Mit der Heiserkeit geht auch eine immer mal wieder kippende Stimme einher. Das bedeutet, dass deine Stimme sich, während du einen Satz aussprichst, sehr stark verändern kann.

Du beginnst also mit deiner normalen Stimme zu sprechen, dann kippt sie plötzlich und wird höher. Das klingt zu Beginn sicherlich komisch, aber du wirst dich daran gewöhnen. Auch wenn es dich sehr stört, denke daran, dass es anderen Jungs genauso geht. Versuche auch nicht, gegenzusteuern. Es ist nur anstrengend und für deine Stimme nicht unbedingt gut. Lass es einfach geschehen, denn auch diese Zeit geht wieder vorbei. Grund für das Schwanken ist das ungleichmäßige Wachstum deiner Stimmlippen. Am Ende wird sich das aber wieder ausgleichen.

16. Halsschmerzen (beobachten)

Auch wenn Halsschmerzen ein seltenes Symptom für den Stimmbruch sind, können sie doch damit in Verbindung gebracht werden. Sollte es eine kurzzeitige vorübergehende Phase sein, ist dagegen nichts einzuwenden. Aber wenn es länger anhält und zu starken Beschwerden führt, rede lieber mit deinen Eltern. Eventuell ist ein Arztbesuch nötig. Es gilt also: Sicher ist sicher!

17. Schmerzender Kehlkopf

Halsschmerzen oder ein schmerzender Kehlkopfsind eher untypisch für den Stimmbruch. Diese Symptome sollten am besten bei einem HNO-Arzt abgeklärt werden. Aber bitte sorge dich nicht zu sehr: Selbst, wenn du es kontrollieren lassen musst, heißt es noch nicht, dass es etwas Schlimmes ist. Wie schon gesagt: Jeder Junge ist anders.

18. Keine Anzeichen

Natürlich kannst du die Pubertät auch durchlaufen, ohne dass dir die Veränderungen in deinem Körper auffallen. Es gibt viele Jugendliche, die kaum Beeinträchtigungen spüren. Keines der bisher beschriebenen Symptome musst du zwingend haben. Es kann auch sein, dass du plötzlich eine tiefe Stimme hast, ohne großartig etwas bemerkt zu haben.

19. Beginn des Stimmbruchs

Natürlich kann niemand sagen, wann genau der Stimmbruch anfängt. Aber in der Regel geschieht das zwischen dem 12. und 13. Lebensjahr. Es gibt auch hier selbstverständlich Unterschiede. Während ein Junge schon im 11. Lebensjahr erste Anzeichen entwickelt, sind diese bei einem anderen erst zum 15. Lebensjahr spür-oder hörbar.

Habe also keine Angst, dass du nicht in den Stimmbruch kommst, nur weil du nicht im Durchschnitt bist. Es wird ganz sicher nicht mehr lange dauern.

20. Dauer des Stimmbruchs

Wie lange der Stimmbruch anhält, ist genauso individuell wie der Zeitpunkt, wann er beginnt.

Es kann sein, dass du nur ein paar Monate darunter leiden musst (was jetzt sicherlich sehr lang für dich klingt), oder du auch über ein Jahr in dieser Phase verbringst.

Nicht ist normal und den Verlauf kannst du auch nicht verlangsamen oder beschleunigen. Dein Körper geht seinen eigenen Weg und zeigt dir, wann diese Zeit überwunden ist. Es kann so plötzlich vorbei sein, wie es begonnen hat.

21. Endlich die tiefe Stimme

Und dann ist sie plötzlich da: Die tiefe Stimme. Du hast ein paar Hürden überwunden und es war im wahrsten Sinne des Wortes ein ständiges Auf und Ab. Doch nun ist deine Stimme schön tief und du hörst dich ganz anders an.

Kann es sein, dass du noch einmal in den Stimmbruch zurückfällst? Nein! Das ist nahezu ausgeschlossen. Wenn deine Stimme einen gleichmäßig tiefen Klang angenommen hat, ohne immer wieder zu schwanken, dann kannst du davon ausgehen, dass du den Stimmbruch hinter dich gebracht hast.

Jetzt kannst du diesen neuen Klang genießen und deine Freunde und auch das ein oder andere Mädchen in deiner Klasse beeindrucken. Du wirst überrascht sein, was sich dadurch alles verändern kann.

22. Geduld

Es ist unsagbar wichtig, dass du diese Veränderung so annimmst, wie sie ist. Wie schon gesagt, du kannst nichts beschleunigen.

Dein Körper geht den Weg, der ihm vorgegeben ist. Nimm die Veränderungen so an und setze dich nicht unter Druck. Deine Mitmenschen werden sich an all das gewöhnen Deine Eltern akzeptieren es ohnehin und auch deine Klassenkameraden werden dich ganz sicher nicht belächeln. Du bist nicht der einzige Junge, dem es so geht, auch wenn es dir für den Anfang genauso vorkommt. Sieh positiv nach vorn!

23. Keine Peinlichkeit

Du wirst dich die ersten Tage in der Pubertät noch sehr seltsam fühlen und ganz bestimmt ist dir diese Veränderung auch etwas peinlich. Aber dazu gibt es wirklich keinen Grund. Du bist jetzt auf dem Weg, ein Mann zu werden und das sind doch wunderbare Aussichten.

Vielmehr kannst du jetzt gespannt darauf warten, wie sich deine Stimme verändert und wie du dich am Ende anhören wirst. Wenn du zuvor eine recht hohe Stimmlage hattest, kann sie am Ende dieser Phase völlig anders klingen. Lass dich einfach überraschen und auch, wenn du es jetzt noch nicht glauben möchtest: Du wirst dich daran gewöhnen und es annehmen.

24. Austausch

Dich überkommt immer wieder das Gefühl, ganz allein mit der Situation zu sein? Dann höre dich einfach um. Wenn du einen großen Bruder hast, wird er dir ganz sicher helfen und von seinem eigenen Stimmbruch erzählen. Aber auch dein Papa wird dir sicherlich gerne Rede und Antwort stehen. Habe nur Mut und sprich sie an.

Wenn du das aber nicht möchtest, wie wäre es dann mit deinem besten Freund? Sofern er im gleichen Alter ist und das auch gerade erlebt, ist er doch der optimale Gesprächspartner.

Tausche dich mit ihm aus und finde heraus, dass es nichts gibt, was sich für dich seltsam anfühlen muss. Es wird dir guttun, wenn du dich mit jemandem unterhalten kannst. Es nimmt eine große Last von deinen Schultern.

25. Positiv

Denke immer positiv: Das ist ein Tipp, den du jeden Tag ruhig beherzigen kannst. Denke nicht nur an das Schlechte, wenn du morgens aufstehst, und deine Eltern mit einem krächzenden „Guten Morgen" begrüßt. Denn schon hier wird dir wieder einmal bewusst werden, dass sich deine Stimme nicht mehr so anhört, wie du es gewohnt warst.

Denke nicht daran, dass es sich nicht gut oder unnormal anhört. Sondern sage dir, dass es normal ist. Das Verschwinden deiner bisherigen Stimme ist völlig in Ordnung. Es wartet eine tiefe Stimme auf dich, die doch viel aufregender ist.

Diese Art des Denkens ist sicherlich ungewohnt und braucht Übung. Aber das Positive bringt dich weiter und sorgt dafür, dass du wieder lächeln wirst, trotz eines kratzig klingenden „Guten Morgen".

Der Bart wächst – Die erste Rasur

Du hast lange darauf gewartet und nun ist er endlich da: Der Bartwuchs! Du erkennst ihn an einem leichten Flaum im Gesicht. Zuerst zeigt er sich zaghaft und kaum merklich und dann wird er immer dichter.

Die Farbe deines Bartes wird deiner Haarfarbe gleichen. Hast du also dunkle Haare, wird auch dein Bart dunkel sein. . Bei hellen, blonden Haaren wird auch dein Bart wahrscheinlich eher hell sein.

Wenn du die ersten Barthaare siehst, stehst du vor der Entscheidung: Möchtest du einen Bart wachsen lassen, regelmäßig rasieren oder nur ab und an. Alles ist möglich und du wirst schnell, wenn du dich umsiehst, die Unterschiede erkennen. Du wirst Männer sehen, die einen langen Bart tragen, andere, die gar keinen haben und wieder andere, die nur einen leichten Bartschatten haben. Was trägt dein Papa? Wenn du dir unsicher bist, kannst du auch ihn um Rat fragen.

Und noch ein kleiner Hinweis, falls du beim Lesen dieses Buches noch keinen Haarwuchs im Gesicht hast: Du musst dir keine Sorgen machen, nur weil deine Freunde sich schon darüber freuen können. Das hat nichts zu sagen. Auch ohne Bart siehst du toll aus und irgendwann wirst du einen haben. Es gibt für die Zeit des Wachstums keinen fixen Start. Sei also geduldig: Irgendwann bist auch du an der Reihe!

Ganz gleich, für welche Art des Bartes du dich später einmal entscheidest: Die erste Rasur steht früher oder später an. In diesem Kapitel wirst du erfahren, wie du am besten vorgehen kannst und was du sonst noch wissen wolltest.

26. Die erste Rasur

Vielleicht bist du ein Junge, der ganz offen damit umgeht und es kaum erwarten kann, stolz seine erste Rasur mit Papa auszuprobieren. Aber es kann auch ganz anders sein: Am liebsten würdest du dich gar nicht mehr zeigen und möchtest somit auch ganz allein für dich deinen Bart stutzen.

Aber dir muss überhaupt nichts peinlich sein. Der erste Bartwuchs ist völlig normal und dein Papa kennt das. Du kannst dich auch gerne, bevor der erste Flaum wächst, mit deinen Freunden unterhalten, die schon diese Erfahrung gemacht haben. Es muss dir wirklich nicht unangenehm sein.

27. Niemals gebrauchte Rasierer benutzen

Vielleicht denkst du dir, es kann doch nicht schaden, einfach kurz mit Papas Rasierer die ersten Striche zu versuchen. Aber das solltest du nicht tun!

An den Klingen sammeln sich Hautreste und Bakterien, die du auf deine Haut übertragen könntest. Das kann zu Reizungen und Entzündungen führen, die du sicherlich nicht haben möchtest.

Für dich gilt also: Weder für die erste Rasur, noch für jede weitere Rasur, einen Rasierer von anderen zu nutzen. Auch nicht den des großen Bruders. Verwende immer den eigenen, der auf deine Bedürfnisse abgestimmt ist.

28. Keine Angst vor Verletzungen

Viele Jungen sind bei ihrer ersten Rasur unsicher. Dabei sind die Klingen heutzutage so gearbeitet, dass die Verletzungsgefahr gering ist. Du solltest aber auch wissen, dass es nicht ausbleiben wird. Ganz bestimmt hast du Papa schon einmal mit ein paar kleinen Taschentuchtupfern im Gesicht beim Frühstück sitzen sehen. Aber er wird dir bestätigen können, dass es nicht schmerzhaft ist und du es kaum merkst. Sei ruhig und sicher und du wirst dich auch weniger bis gar nicht schneiden.

29. Immer zuvor waschen

Vor der Rasur ist es ratsam, dass du dir das Gesicht wäscht. Das klingt etwas überflüssig, aber nur so kannst du für ein wirklich sauberes Gesicht sorgen. Du entfernst Schmutz und hast danach obendrein weiches und feuchtes Gesichtshaar. Die Rasur wird somit sehr viel leichter!

30. Vorbereitung der Haut

Nach der Reinigung der Haut wird das Gleitmittel für die Rasierklingen aufgetragen. Du hast die Wahl zwischen Schaum und Gel. Neuerdings wird auch wieder Rasierseife angeboten.

Letztendlich entscheidest du für dich selbst, was du lieber magst. Auch hier kannst du deinen Papa fragen, was er dir empfehlen kann. Er wird dir einen guten Tipp geben, ganz bestimmt. Und bei deinen ersten Versuchen wirst du schnell herausfinden, ob du die richtige Wahl getroffen hast.

31. Gegen den Strich

Sich gegen den Strich zu rasieren bedeutet, das Rasierwerkzeug gegen die Wuchsrichtung zu ziehen. Jetzt musst du nur die Wuchsrichtung deiner Barthaare herausfinden. Das tust du, indem du mit deiner Hand über dein Gesicht fährst. Nun rasiere dich einfach entgegen der Wuchsrichtung. Auf diese Weise wirst du die meisten Erfolge erzielen, auch wenn du vielleicht nicht gleich alle erwischst. Dein Papa kann dir sicherlich einen Tipp geben!

32. Rasurbrand

Es kann passieren, dass schon nach kurzer Zeit die Haut anfängt zu spannen und zu jucken. Das nennt sich Rasurbrand. Das kommt daher, weil eine Rasur purer Stress für die Haut ist. Solltest du dazu neigen, kannst du dich mit der Wuchsrichtung rasieren. Das wird sich im ersten Moment vielleicht weniger gründlich anfühlen. Trotzdem ist es in dem Fall weniger reizend für deine Haut. Gehe sanft und ohne viel Druck mit der Klinge vor und deine Haut wird es mit weniger Irritationen danken.

33. Gesicht waschen

Vergiss auf keinen Fall, nach dem Rasieren das Gesicht so gründlich wie nur möglich zu waschen. Es dürfen keine Rückstände von Schaum oder Gel mehr auf der Haut zurückbleiben. Das könnte zu Reizungen führen, die natürlich nicht angenehm sind.

Also lieber zweimal waschen, um wirklich sicher zu sein. Das Gesicht anschließend besser trocken tupfen, statt rubbeln.

34. Nach der Rasur

Nach der Enthaarung gibt es verschiedene Möglichkeiten, die Haut zu pflegen. Hautöle machen die Haut geschmeidig, weich und schützen vor dem Austrocknen. Aloe Vera und Jojoba-Wirkstoffe beruhigen de Haut. Ein Aftershave beruhigt die Haut und beugt mit entzündungshemmenden Wirkstoffen Pickelchen vor.

35. Wie oft rasieren?

Wie oft du dich rasieren sollst, liegt ganz bei dir. Dass häufiges Rasieren den Bartwuchs beschleunigt und die Haare dunkler und dicker macht, ist leider ein Irrtum. Dieser hält sich allerdings hartnäckig. Wenn du also jetzt noch spärlichen Flaum im Gesicht hast, wirst du das nicht durch häufiges Rasieren ändern. Am Ende der Pubertät verändert sich der Hormonhaushalt bei Jungen aber wieder. Und das kann so manche Lücke im Gesichtshaar schließen.

36. Trockenrasur

Trocken oder Nassrasur ... hier scheiden sich die Geister. Grundsätzlich kannst du davon ausgehen, dass die Nassrasur ideal ist, wenn du dir ein besonders glattes Ergebnis wünscht. Dafür benötigst du aber ausreichend Zeit und eine robuste Haut.

Bei empfindlicher Haut wird eher zur Trockenrasur geraten. Diese Art der Rasur ist auch etwas bequemer. Vor allem, wenn du mit ein paar Stoppeln im Gesicht gut klar kommst.

37. Barthaare auf Muttermalen

Hast du Muttermale im Gesicht? Dann kann es natürlich passieren, dass auch dort Barthaare wachsen, die du entfernen möchtest.

Mit einem scharfen Rasierer kann es sehr schnell zu Verletzungen kommen, die unter Umständen stärker bluten. Um das zu vermeiden, gibt es eine einfache Alternative: Nutze die Nagelschere. Spare die betroffene Stelle bei der Rasur aus und versuche Haare auf dem Muttermal mit der Schere abzuschneiden. Das ist zwar aufwändiger, aber so schonst du deine Haut.

04
KAPITEL

Die richtige Ernährung für deine Entwicklung

Du träumst davon, später mal so richtig stark zu sein. Du schaust zu Papa auf und sehnst dich danach, ein Superheld zu sein! Das ist ein löbliches Ziel. Was noch fehlt, ist die passende Ernährung!

Frage dich zunächst, was du den ganzen Tag isst. Schreibe alles auf, was dir einfällt Und lasse wirklich nichts aus. Auch der kleine Snack zwischendurch kann schon wichtig sein.

Hierbei geht es um die Nährstoffe, die darin enthalten sind.

Weißt du, was du brauchst und was vielleicht nur in kleinen Mengen wichtig ist? Wenn nicht, dann ist das kein Problem: Jetzt erfährst du, was du auf jeden Fall jeden Tag essen solltest, und was nicht. Natürlich kannst du auch Ausnahmen machen, aber diese sollten nicht zur Regel werden.

Mit der Ernährung kannst du sehr viele Prozesse in deinem Körper steuern. Du lenkst das Wachstum, förderst die Verdauung, bist konzentrierter und glücklicher! Das hört sich doch sehr gut an, oder nicht? Dann los: Schau dir das, was du isst, doch mal mit anderen Augen an und verändere, was deinem Ziel nicht zuträglich ist.

Setze dich dabei aber nicht zu sehr unter Druck. Du musst nicht von heute auf morgen alles umstellen!

38. Brot

Wie oft am Tag isst du Brot? Eines ist sicher: Es enthält viele Kohlenhydrate und liefert deinem Körper wertvolle Energie. Zu viele Kohlehydrate können sich aber negativ auf dein Gewicht auswirken.

Wenn du also viel Brot isst, solltest du dich auch viel bewegen. Wichtig ist es in jedem Fall und sollte einen festen Platz auf deinem Speiseplan haben.

39. Brötchen/Toastbrot

Auch hierbei handelt es sich um etwas, das du sicherlich sehr gerne zum Frühstück isst. Wie das Brot liefern auch Brötchen und Toastbrot viele Kohlenhydrate. Die braucht dein Körper zwar, aber nicht unbedingt in großen Mengen.

Wenn du deinem Körper was Gutes tun willst, entscheide dich in beiden Fällen für die Vollkornvariante. Da sind viele Ballaststoffe enthalten, die dein Körper zusätzlich braucht. Auch der Weizenanteil ist hier nicht so groß. Genieße ruhig ab und an dein Brötchen oder Toastbrot, aber versuche auch ein wenig Abwechslung auf den morgendlichen Speiseplan zu bringen.

40. Kartoffeln

Kartoffeln gehören zu einem guten Mittagessen dazu. Ganz gleich, ob du in der Schule isst oder zu Hause. Sie sind gut für dich und fördern deine Entwicklung. Aber auch hier gilt: Nicht zu viel und somit in einem ausgewogenen Maß. Jeden Tag musst du sie nicht zu dir nehmen. Aber mehrmals in der Woche ist es durchaus ratsam.

41. Reis

Eine Alternative zu Kartoffeln kann auch Reis auf dem Mittagstisch sein. Wenn dir das lieber ist, auch kein Problem. Hier bekommst du auch die nötigen Kohlenhydrate, die du für dich und deinen Körper brauchst. Du kannst es herrlich mit Geflügelgerichten kombinieren, oder auch als Milchreis genießen. Sicherlich können dir deine Eltern etwas zubereiten, was richtig gut schmeckt.

42. Nudeln

Für Glücksgefühle sorgen Nudeln. Zum einen sind sie voller Vitamine und Mineralien, die deinem Körper gut tun. Zum anderen regen Nudeln die Produktion von Serotonin an. Ein hoher Serotoninspiegel in unserem Gehirn sorgt für die Glücksgefühle.

43. Pommes

Eine der beliebtesten Beilagen sind Pommes. Sie sind schnell zuhause in der Fritteuse zubereitet. Mittlerweile gibt es auch alternative Zubereitungsmöglichkeiten, womit eine Menge Fett eingespart werden kann. Im Backofen oder in der Heißluftfritteuse kann man ganz gute Fritten zaubern.

44. Müsli/Cornflakes

Wenn du zum Frühstück kein Brot isst, magst du vielleicht Müsli. Das ist gut, denn das besteht zu sehr großen Teilen aus Getreide, das natürlich die wichtigen Kohlenhydrate enthält. Hier machst du garantiert nichts falsch.

45. Obst

Wenn du überhaupt kein Obst isst, solltest du das auf jeden Fall noch einmal überdenken. Denn im Obst stecken sehr viele Vitamine, die du täglich brauchst. Aber auch Mineral- und Ballaststoffe sind darin enthalten, so dass es kein Fehler ist, wenn du über den Tag verteilt immer wieder Obst zu dir nimmst.

46. Gemüse

Das Gleiche gilt natürlich auch für Gemüse. Es muss nicht immer der Brokkoli oder Blumenkohl sein. Was hältst du von Paprika, Möhren oder auch Tomaten? Wenn das eher etwas für dich ist, dann kannst du damit deinen Speiseplan erweitern.

Ganz gleich, ob in gekochter oder roher Form: Alles ist gut und enthält wichtige Nährstoffe, die du unbedingt brauchst.

47. Fleisch aller Sorten

Du liebst es, wenn deine Mama Schnitzel macht? Das darfst du auch und kannst es ohne Reue genießen. Allerdings solltest du nicht jeden Tag Fleisch essen. Das gilt natürlich nicht nur für die Zeit der Pubertät. Allgemein wird zu einer optimierten Mischkost geraten, die zu großen Teilen aus pflanzlichen Lebensmitteln wie Obst, Gemüse und Getreideerzeugnissen besteht.

48. Fisch

Lachs, Makrele oder Hering enthalten zwar relativ viel Fett, dieses ist jedoch besonders wertvoll und versorgt dich mit wertvollen Omega-3-Fettsäuren und Vitamin D. Besonders gesund sind leichte Fischgerichte, wenn diese die fettreichen Fleischmahlzeiten ersetzen. Das Angebot an Fisch – ob frisch oder die Tiefkühlvariante – ist groß. Da kannst du sicher etwas finden, das auch dir schmeckt.

49. Eier

Eier sind nicht nur wegen des hohen Gehaltes an Cholesterin umstritten. Auch wegen der Tierhaltung wird vom Verzehr abgeraten. Dagegen steht, dass Eier bis auf Vitamin C alle wichtigen Vitamine sowie die Spurenelemente Zink, Eisen und

Selen enthalten. Zudem enthält das Hühnerei besonders gut verdauliches Eiweiß, das der Körper zu 100 % verwerten kann. Wenn du also gern Eier isst, dann genieße sie. Sorge einfach für Abwechslung auf deinem Essensplan.

50. Milch

Milch ist für dich ein täglicher Begleiter? Das ist gut, aber achte auch darauf, dass es nicht zu viel Milch wird. Milch ist reich an Kalzium und Vitamin D, das die Knochen festigt. Der Milchzucker Laktose ist allerdings schwer verdaulich. Manche Körper vertragen Laktose nicht und reagieren allergisch darauf. Die Haltung von Milchkühen ist alles andere als artgerecht. Von daher solltest du den Konsum von Milch auf ein Mindestmaß reduzieren.

51. Joghurt

Nach dem Mittagessen oder auch zum Frühstück gehört Joghurt für dich einfach dazu? Dagegen ist nichts einzuwenden, aber belasse es dann auch bei einer geringen Menge.

Am besten ist es, wenn du dich für Naturjoghurt entscheidest. Das findest du eintönig und es schmeckt nach nichts? Kein Problem: Du kannst den Joghurt einfach aufpeppen: gib ein paar Früchte rein und schon ist von einem langweiligen Geschmack nichts mehr zu merken. Sei kreativ und zaubere deinen eigenen Joghurt, den es so im Geschäft gar nicht gibt.

52. Käse

Du liebst Käse und würdest ihn am liebsten jeden Tag essen? Dagegen ist erst einmal nichts einzuwenden, aber achte auch hier auf die Menge. Käse ist gesund, weil er viel Kalzium enthält, aber er weist auch einen recht hohen Fettanteil auf, den du in deine Bilanz einbeziehen solltest. Wie bei allen Milchprodukten solltest du auch beim Käse die Tierhaltung und den Umweltschutz im Blick haben.

53. Kuchen

Kuchen und Zucker sind an sich nicht schlecht! Wenn du darauf achtest, nicht zu viel davon zu dir zu nehmen, kannst du gern Kuchen schlemmen. Zucker ist nur deshalb in aller Munde, weil es viele Lebensmittel gibt, in denen er versteckt enthalten ist. Dadurch nehmen wir zu viel Zucker zu uns, was sich natürlich auf unseren Körper auswirkt. Wenn du auf eine ausgewogene Ernährung mit frischem Obst und Gemüse achtest, kann dir Kuchen nicht schaden.

54. Schokolade

Schokolade wirkt ähnlich wie Nudeln auf uns. Sie macht glücklich. Zudem haben wir schon als Kind gelernt, dass Süßigkeiten uns trösten können. Beobachte einfach mal, wann du zu Schokolade greifst. Könnte ein spannendes Experiment sein. Wie bei allem gilt auch bei Schokolade: achte auf die Menge und halte deine Kalorienzufuhr in Balance. Dann kannst du beruhigt genießen.

55. Cola und süße Getränke

Nun werfen wir noch einen Blick auf die Getränke. Was trinkst du am liebsten? Wenn du hier sofort an Cola und Co. denkst, solltest du diese Wahl auf jeden Fall noch einmal überdenken.

Cola und andere sehr zuckerhaltige Getränke kannst du trinken, aber in keinem Fall zu oft und auch nicht täglich.

56. Tee

Eine tolle Alternative zu Cola und anderen gesüßten Getränken ist Tee. Früchtetee gibt es in großer Auswahl und du kannst sie auch nach Gusto miteinander kombinieren. Auch Kräutertee steht in vielen Variationen zur Verfügung. Grüner und schwarzer Tee sind anregend. Schwarzer Tee sorgt obendrein für eine bessere Konzentration. Wenn es süßer Tee sein soll, kannst du gern mal probieren, den Zucker durch Honig zu ersetzen. Finde heraus, was dir am besten schmeckt.

57. Mineralwasser

Bei Mineralwasser gibt es keine Grenze, die du überschreiten könntest. Alles, was für deinen Körper zu viel ist, wird ohnehin ausgeschieden. Trinke also so viel Wasser, wie du nur möchtest. Zwei Liter am Tag wären für dich optimal. Du kannst dich auch gerne für Leitungswasser entscheiden. Die Qualität von Leitungswasser entspricht in ganz Deutschland der Trinkwasserqualität.

05
KAPITEL

Aktiv durch den Tag

Du bist eine richtige Sportskanone und möchtest alles über Fitness wissen? Oder hast du noch keine großen Interessen in diesem Bereich entwickelt und möchtest dich einfach etwas umhören und vielleicht für dich etwas finden, was richtig Spaß macht?

Dann wird dir diese Auswahl, die wir hier beschreiben, ganz sicher gefallen.

Du befindest dich im Wachstum und Bewegung ist wichtig. Aber die richtige sollte es sein. Und nicht nur das: Natürlich sollte sie auch Spaß machen, denn sonst wirst du schnell den anfänglichen Elan verlieren.

Die folgenden Hinweise werden dich bei deiner Entscheidung unterstützen. Du erfährst nicht nur, welche Sportart von Jungen in deinem Alter sehr gerne ausgeübt wird, sondern auch, welche Bereiche in deinem Körper dadurch besonders gefördert werden.

Lerne dich und deinen Körper besser kennen! Wenn du jetzt denkst, nicht besonders sportlich zu sein, dann wirst du es vielleicht bald besser wissen. Denn ganz oft ist es die Sportart selbst, die zu deiner Einstellung beiträgt. Heißt also, wenn du dich für den falschen Sport entscheidest, wirst du auch weniger Motivation haben. Finde das richtige Programm und erwecke die aktive Seite in dir.

Es macht nicht nur richtig Spaß, sondern ist auch sehr wichtig für die Entwicklung von Körper und Geist.

Ausdauer

58. Joggen

So langweilig wie Joggen klingen mag, so umfassend trainierst du dabei deinen Körper. Du wirst es nach den ersten Läufen merken, welche Muskeln alle für das Laufen benötigt werden. Neben den Beinen straffst du deinen Bauch, den Rücken und den Po. Und ganz nebenbei kannst du auch die Umgebung genießen. Ganz gleich, ob im Park oder durch den Wald: Du wirst sicherlich schnell den richtigen Platz finden und kannst beim Joggen etwas für deine Fitness tun. Nebenbei bist du auch noch an der frischen Luft.

Kleiner Tipp: Wenn du nicht allein laufen möchtest, kannst du das auch mit deinem besten Freund oder deiner Freundin machen. So könnt ihr Zeit miteinander verbringen und nebenbei die persönliche Fitness fördern.

59. Schwimmen

Ein weiterer Ausdauersport ist das Schwimmen. Und auch bei dieser Sportart ist es spannend zu erleben, welche Muskelpartien dabei beansprucht werden. Natürlich kannst du Schwimmen auch als Ergänzung zum Joggen betreiben. Zum Beispiel bei schlechtem Wetter. Schau einfach, was dir Spaß macht, dann wirst du auch dran bleiben.

60. Radfahren

Ganz bestimmt hast du zu Hause ein Fahrrad, oder? Sehr gut! Dann kannst du das für dich nutzen. Setze dich auf den Sattel und dann kann es auch schon losgehen. Wenn du nicht allein fahren möchtest, kannst du auch deine Freunde oder auch Eltern mitnehmen. Du kennst dich in deiner Umgebung am besten aus. Finde also eine Strecke, die dir so richtig Spaß macht. Oder suche nach einer Herausforderung und fahre einen Weg, den du noch nicht erkundet hast. Du wirst schnell merken, wie dich diese besondere Bewegung fordert. Deine Ausdauer wird sich mit der Zeit deutlich verbessern.

61. Handball

Handball ist ein Mannschaftssport. Neben Ausdauer, Schnelligkeit und Taktik geht es dabei auch um das Miteinander. Ob dein Team Spaß am Spiel und Erfolg hat, entscheidet das Zusammenspiel des Teams. Wenn du also gern Teil eines Teams sein willst, ist Handball sicherlich eine gute Möglichkeit dafür.

62. Tennis

Auch wenn Tennis mit einem Schläger gespielt wird, zählt es zu den Ballspielen. Es wird zu zweit oder zu viert gespielt. Ziel ist, den Ball über das Netz in die andere Hälfte des Spielfeldes zu schlagen. Möglichst so, dass der Gegner den Ball nicht erreicht oder nicht gezielt zurückschlagen kann. Trainiert werden beim Tennis mehrere Muskelgruppen: Arme, Beine, Bauch und Rücken. Zudem werden Koordination und Motorik verfeinert, Auffassungsgabe und Konzentrationsfähigkeit werden verbessert. Körper und Geist sind dabei gefragt.

63. Leichtathletik

Bei der Leichtathletik geht es um die natürlichen und grundlegenden menschlichen Bewegungsabläufe. Die Disziplinen werden in die Gruppen Laufen, Springen und Werfen eingeteilt. Dabei kannst du dich in einzelnen Disziplinen messen oder aber im Mehrkampf. Dabei werden verschiedene Sportarten kombiniert. Wenn du Abwechslung beim Sport suchst, bist du in der Leichtathletik sicherlich gut aufgehoben.

64. Basketball

Basketball ist eine meist in der Halle betriebene Ballsportart. Zwei Mannschaften versuchen den Ball in den jeweils gegnerischen Korb zu werfen. Die Körbe sind 3,05 Meter hoch an beiden Schmalseiten des Spielfeldes angebracht. Bei dieser Sportart ist nicht nur Teamgeist, Ausdauer und Koordination gefragt. Du verbrennst dabei auch ordentlich Kalorien.

Wirst du den Ball im richtigen Moment in den Korb treffen und wagst du es noch einmal, wenn ein Versuch nicht geglückt ist? Habe Mut und denke immer daran, dass Übung nur zu deiner Verbesserung beitragen kann.

Das Gefühl, wenn der erste Wurf gelingt, ist wunderbar und unvergleichlich.

Gelenkigkeit

65. Tanzen

Neben instinktiven Bewegungen zur Musik ist Tanzen auch eine recht vielschichtige Sportart. Ballett, Standardtanz oder Hip-Hop sind ein paar Beispiele für das Tanzen als Sport. Unabhängig von der Tanzrichtung ist es nicht nur ein gutes Ausdauertraining sondern fördert auch Haltung, Selbstbewusstsein, Ausstrahlung, Balance und Koordination.

Jetzt wirst du sicherlich lachen, aber es gibt durchaus auch Jungs, die sich in Ballett versuchen und wirklich so richtig cool dabei sind. Ob das für dich eine Option ist, kannst du natürlich nur allein entscheiden. Aber wende dich nicht davon ab, nur weil du Angst hast, dass andere dich belächeln könnten. Wenn du es möchtest, solltest du es auch tun!

66. Turnen

Turnen ist der Oberbegriff für viele Sportarten. Die klassischen Disziplinen sind Bodenturnen, Geräteturnen und Trampolinturnen. Im weiteren Sinne fallen auch Rhönradturnen, Aerobik, Akrobatik und Voltigieren darunter. Es gibt also viele Dinge, die du unternehmen und ausprobieren kannst, um dich selbst in deiner Körperbeherrschung etwas zu fördern.

Höre dich um und entdecke, wie gelenkig du tatsächlich sein kannst! In dir steckt sehr viel mehr, als du jetzt denkst.

Gleichgewicht

67. Skifahren

Wenn du besonders deine Bein- und Gesäßmuskulatur trainieren willst, dann ist Skifahren für dich geeignet. Der Kalorienverbrauch ist im Vergleich zu Ausdauersportarten nicht sehr hoch. Die Belastung der Beinmuskulatur hingegen ist hoch. Allerdings handelt es sich um eine Wintersportart. Zwar gibt es Skigebiete, die man auch im Sommer nutzen kann, man sollte aber wirklich gut fahren können. Die meisten Skisportler bereiten sich im Sommer konditionell auf den Wettkampf im Winter vor.

68. Fußball

Fußballspielen ist ein ausgezeichnetes Herz-Kreislauf-Training, bei dem es um Ausdauer, Kraft und Koordinationsfähigkeit geht. Nicht zuletzt ist es die bekannteste Breitensportart überhaupt. Fast jedes Kind kennt die Regeln und überall wird gekickt. Allerdings ist beim Fußball die Verletzungsgefahr sehr hoch. Ständige Antritte mit maximaler Geschwindigkeit, plötzliche Richtungsänderungen und Stopps bei hohem Tempo und die vielen Sprünge führen zu Verschleißerscheinungen. Wie Handball ist Fußball aber auch ein Mannschaftssport und fördert den Teamgeist. Finde heraus, ob es dir Spaß macht, Teil eines Teams zu sein.

69. Inline-Skate

Elegant und zügig dahingleiten, das wollen alle, die vom Inline-Skaten träumen. Staksig und ungelenk fangen sie leider an. Aber keine Sorge, so schwer ist es nicht zu erlernen. Rollen, Fallen und Bremsen, darauf kommt es an. Spezielle Protektoren sorgen dafür, dass die anfänglichen Stürze harmlos bleiben. Beim Inline-Skaten werden besonders Bein-, Bauch, Gesäß- und Rückenmuskeln trainiert. Zudem ist es ein sehr gutes Ausdauertraining. Wenn du auf der Suche nach einer Sportart bist, bei der du besonders viele Kalorien verbrauchst, bist du hier genau richtig. Beim Inline-Skating werden sogar mehr Kalorien verbraucht als beim Joggen!

70. Schlittschuhlaufen

Beim Schlittschuhlaufen werden vorrangig die Beine trainiert. Die Rumpfmuskulatur wird durch das Mitschwingen der Arme beansprucht.

Wenn du keine Schlittschuhe besitzt, kannst du sie dir auf jeder Eisbahn ausleihen und dort dein Glück versuchen. Hier verhält es sich ähnlich wie bei den Inlinern. Wenn du noch keine Erfahrung hast, wirst du sicherlich mit dem Gleichgewicht Probleme haben. Aber sobald du diese Hürde genommen hast, geht es von ganz allein.

Der Spaß steht dann an oberster Stelle! Und wer weiß: Wenn du deine Auserwählte mitnimmst, könnt ihr euch sogar ein wenig näher kommen.

Konzentration

71. Judo

Jetzt bist du sicherlich überrascht, aber du hast richtig gelesen: Sport hat auch sehr viel mit Konzentration zu tun. Und das Gute: Was du beim Judo lernst, kannst du auch in anderen Bereichen des Lebens gebrauchen. In der Schule oder auch für das Erreichen deiner Ziele außerhalb des Sports.

Achte auf deinen Körper, denn jede Bewegung kann entscheidend für den Ausgang eines Zweikampfes sein. Hier kannst du Energie freisetzen, aber auch innere Ruhe finden. Ein Zusammenspiel, das seltsam klingt, aber dennoch sehr gut zusammenpasst. Finde es selbst heraus.

72. Tischtennis

Hast du zu Hause eine Tischtennisplatte? Wenn nicht, kannst du vielleicht eine im Park finden. Hier stehen oft Varianten aus Stein, um sich dort auszuprobieren. Aber natürlich ist auch das Spiel im Verein möglich.

Wenn du eine Platte gefunden hast, braucht es nur noch einen Schläger, Ball, Netz und Mitspieler. Dann kann es auch schon losgehen. Du wirst sehr schnell feststellen, dass es gar nicht so einfach ist, den kleinen, schnellen, weißen Ball zu treffen.

Lasse dich von kleinen Niederlagen zu Beginn nicht aufhalten, versuche es erneut. Beim Tischtennis wird deine Konzentration ganz besonders gefördert und Spaß macht es obendrein auch noch.

73. Karate

Von der Kampfsportart Karate hast du sicherlich schon gehört. Sie wird dich genauso fordern, wie Judo.

Höre dich um, ob es bei dir in der Nähe einen Verein gibt, dem du beitreten kannst. Manchmal bieten diese auch Schnupperkurse an. Du kannst reinschnuppern, dich selbst versuchen und herausfinden, ob es etwas für dich ist, was du dauerhaft machen möchtest. Viel Spaß beim Ausprobieren.

74. Yoga

Vielleicht hast du schon von Yoga gehört. Dabei übst du Flexibilität und trainierst die Muskeln. Mit speziellen Atemübungen wird auch das Herz-Kreislaufsystem trainiert. Positiv wirkt sich Yoga auf die Beweglichkeit, Kräftigung der Stützmuskulatur und auf das allgemeine Wohlbefinden aus. Du lernst Meditation und Entspannung was beispielsweise Rückenbeschwerden oder Migräne entgegenwirkt. Ganz sicher hast du auch manchmal Stress oder bist einfach nur müde und kaputt. Dann kannst du es mit Yoga versuchen und dich wieder ins Gleichgewicht bringen.

75. Nordic Walking

Durch den Einsatz der Stöcke ist Nordic Walking um bis zu 50 % effektiver als Gehen ohne Stöcke. Denn neben der Bein- und Gesäßmuskulatur werden die Arm-, Schulter- und Rückenmuskeln trainiert. Und je mehr Muskeln im Einsatz sind, desto mehr Kalorien werden verbrannt. Nordic Walking ist eine Ausdauersportart, die für viele Menschen geeignet ist. Da sie recht schonend ist, eignet sie sich auch für Anfänger, Menschen mit Übergewicht oder Betroffene mit chronischen Gelenkproblemen. Wenn du dich gern draußen bewegst, Joggen, Skaten oder Radfahren aber nicht dein Ding ist, kannst du es ja mal hiermit probieren.

06
KAPITEL

Mehr Selbstbewusstsein

Bist du ein Junge, der keine Probleme hat, seine Meinung zu sagen und sich nie unwohl in der Menge fühlt? Dann hast du ein gutes Selbstbewusstsein, Gratulation! Dieses Buch lädt dich ein, trotzdem noch etwas dazu zu lernen.

Wenn du dagegen ein Junge bist, dem das nicht so leicht fällt, dann kann dieses Kapitel wichtig für dich sein.

Du stehst geduckt in der Menge und bist froh, wenn dich niemand anspricht. Da die allgemeine Meinung in deinem Kopf herrscht, dass das für einen Jungen überhaupt nicht normal ist, macht es dein mulmiges Gefühl nur noch schlimmer. Du fühlst dich gar nicht wohl in deiner Haut und fragst dich, warum es anderen so leicht fällt, ihre Meinung zu sagen. Selbst die Vorträge vor der Klasse fallen dir schwer und du bist froh, wenn du sie endlich hinter dich gebracht hast. Du hast nicht das Gefühl, etwas richtig gut zu können, sondern machst dich immer „kleiner" als du eigentlich bist. Glaube mir, du bist nicht allein!

Mangelndes Selbstbewusstsein kann viele Gründe haben, aber diese nun genauer zu betrachten, sollte jetzt nicht deine Aufgabe sein. Denn es gibt eine gute Nachricht: Du kannst zu einem Jungen werden, der offen auf andere Menschen zugeht, der frei vor der Klasse sprechen kann und völlig offen zu seiner Meinung steht.

Das klingt jetzt unglaublich, aber es ist gar nicht so schwer. Es braucht nur ein wenig Umstellung und Veränderungen in deinem Leben und Denken. Teilweise sind die Veränderungen so klein, dass sie gar nicht weiter auffallen und unbewusst haben sie vielleicht auch schon einen Platz in deinem Alltag.

Mache dich auf zu einer tollen Veränderung: Schon bald bist du ein selbstbewusster Junge! Du wirst der sein, der du schon immer sein wolltest! Es ist keine Zauberei, sondern dein eigener Wille!

76. Kleine Rituale

Jetzt fragst du dich bestimmt, was Rituale mit deinem Selbstvertrauen zu tun haben sollen. Doch dahinter verbirgt sich mehr, als du jetzt siehst.

Gewohnheiten geben dir Sicherheit und das spürst du ganz bestimmt auch schon jetzt, wenn auch unbewusst. Es gibt unzählige Rituale, die du bereits jetzt jeden Tag machst.

Beispielsweise ziehst du erst Socken an, bevor du Schuhe anziehst. Warum tust du das? Weil du gelernt hast, dass es in dieser Reihenfolge besser funktioniert. Und du denkst nicht einmal mehr darüber nach.

Führe noch mehr solcher kleinen Gewohnheiten ein. Besonders am Morgen macht es Sinn, wenn du dich vor einer Aufgabe in der Schule fürchtest. Du könntest dir angewöhnen, dir vorzustellen, wie du jubelnd heim kommst und deinen Eltern erzählst, dass die Schule total Spaß macht. Probiere aus, welche Rituale dir helfen können, dein Selbstvertrauen zu stärken.

77. Das Gute sehen

Du hast im Verlauf des Buches sicherlich schon erkannt, dass es sehr hilfreich ist, an das Positive zu denken. Auch in Bezug auf dein Selbstvertrauen wird es dich ein gutes Stück weiterbringen. Kein Mensch ist perfekt und du musst es auch nicht sein. Schaue nicht zu sehr auf das, was nicht funktioniert, sondern auf die Dinge, die dir richtig gut gelungen sind. Nimm dir etwas Zeit und finde heraus, dass es doch sehr viel mehr ist, als du jetzt sehen kannst. Danach wirst du dich deutlich besser fühlen. Betrachte deine Stärken, fühle dich gut dabei und finde heraus, dass du ein toller Junge bist, auch wenn du es manchmal nicht glauben kannst. Lenke den Fokus auf das Positive.

78. Liebe deiner Eltern und Freunde

Wenn du wieder einmal stark an dir zweifelst, denke an deine Eltern und Freunde. Bei ihnen erfährst du Liebe, die du sonst nirgendwo findest. Sie ist einzigartig und wundervoll.

Und das Beste: Sie lieben dich, völlig egal, ob du einen Fehler machst oder nicht. Dabei gibt es keine Einschränkungen, nach dem Motto: „Ich habe dich nur gerne, wenn ..."

Warum auch? Mache dir das immer wieder bewusst, und dir wird es gleich besser gehen. Du hast Angst davor, einen Vortrag halten zu müssen? Egal: Deine Freunde stehen hinter dir, auch wenn du kein Wort herausbekommst. Du wirst sehen, dass der Redefluss von ganz allein kommt.

79. Sport

Wie du schon gelesen hast, ist Sport für dich sehr wichtig. Dabei geht es nicht nur um deinen Körper, sondern auch um deinen Geist. Beim Sport kannst du dir beweisen, dass du deine Ziele erreichen kannst, völlig egal, wie lange es dauert.

Wähle eine Sportart, die dir richtig Spaß macht, und setze dir Ziele. Finde heraus, was du leisten kannst, gehe in einen Wettkampf und fühle dich nach deinem Sieg so richtig wohl. Dein Selbstbewusstsein

macht einen Sprung und wenn es im Alltag einmal nicht so gut klappt, dann kannst du deinen Ärger im Sport loslassen.

80. Langeweile ist in Ordnung

Hast du das Gefühl, immer etwas tun zu müssen, um dich gut zu fühlen? Das musst du aber nicht! Es ist völlig in Ordnung, auch einmal Langeweile zu haben. Das fühlt sich für den Augenblick sicherlich nicht gut an, weil du dich etwas fehl am Platz fühlst, aber das ist nur deine Einstellung zum Nichtstun.

Sieh es doch anders: Jetzt hast du Zeit, dich mit etwas zu beschäftigen, was sonst nicht in deinen Plan für den Tag passt. Du kannst deine Liebe zum Lesen oder Malen entdecken. Es steht dir frei! Dabei geht es nur um deine Kreativität, die du sonst nicht entfalten kannst.

81. Tränen

Tränen sind etwas, das überhaupt nicht in deine Vorstellung passt. Ein Junge, der weint? Auf keinen Fall! Aber warum? Was bringt dich zu dieser Ansicht? Schiebe sie beiseite und denke doch ein wenig anders.

Es ist überhaupt nicht schlimm, wenn du weinst! Ganz im Gegenteil: Es zeugt sogar von sehr großer Stärke, wenn du deine Gefühle zulassen kannst. Ein Mensch, der diese immer nur versteckt, um vor anderen stark zu erscheinen, ist eigentlich viel schwächer als du.

Lasse deinen Gefühlen freien Lauf und verurteile Tränen nicht! Sie gehören zu dir und sind ganz normal.

82. Miese Stimmung

Es gibt diese Tage, an denen klappt nichts und das legt sich auch auf deine Stimmung. Aber das muss nicht sein! Klar darfst du auch mal wütend oder schlecht drauf sein. Das ist nur menschlich. Manchmal kann es dir sogar richtig gut tun, wenn du deine Gefühle rauslassen kannst. Aber bitte lasse sie nicht einfach an jemandem aus. Vielleicht hilft es dir, dich beim Sport auszupowern. Oft bessert sich die Laune, wenn man ein Workout absolviert hat.

83. Andere brauchen deine Hilfe

Andere Menschen um dich herum brauchen deine Hilfe. Das kann sich in kleinen Dingen äußern. Deine Mama bittet dich, den Tisch zu decken (was dir eigentlich immer etwas nervig vorkommt) oder ein Freund braucht deine Unterstützung bei den Hausaufgaben.

Es sind diese Bitten an dich, die dir immer wieder zeigen können, wie wertvoll du bist. Es fördert dein Selbstvertrauen und zeigt dir, dass du immer wieder auf ganz unterschiedliche Art und Weise gebraucht wirst.

84. Unterschiedliche Erfahrungen

Das Leben verläuft nicht immer gleich und du wirst ganz unterschiedliche Erfahrungen machen. Wenn du das akzeptierst und auch die Vorteile erkennst, machst du einen sehr großen Schritt.

Wenn du heute etwas erlebst, was dir nicht gefällt, kannst du morgen schon wieder eine Erfahrung machen, die dir großes Glück bringt. Aus allem, was dir in deinem Leben geschieht, kannst du etwas lernen. Aus den guten und schlechten Dingen kannst du etwas mitnehmen und weißt später, was du eventuell hättest besser machen können!

85. Unterstützer sehen

Auch wenn du das Gefühl hast, allein zu sein, wird sich das bei genauerer Betrachtung niemals bestätigen.

Es gibt so viele Menschen in deinem Leben, die zu dir halten. Seien es nun deine Eltern oder Großeltern, die dir mit Rat und Tat zu Seite stehen. Aber auch deine Freunde in der Schule werden dich nie „hängen" lassen, wenn es dir nicht gut geht. Selbst deine Lehrer möchten, dass du in den jeweiligen Fächern vorankommst.

Egal, wo du hinsiehst: Allein bist du nie und es ist ein gutes Gefühl zu wissen, dass diese Menschen immer hinter dir stehen. Habe Vertrauen!

86. Setze selbst deine Grenzen

Ist es für dich in Ordnung, dass dein kleiner Bruder alle deine Stifte für seine Malkünste nimmt? Während deine Eltern das vielleicht abnicken, hast du aber eine ganz andere Vorstellung. Du darfst auch dazu stehen. Es muss für dich nicht in Ordnung sein, nur weil er dein kleiner Bruder ist. Denn am Ende funktionieren vielleicht zwei der Stifte nicht mehr und das ärgert dich natürlich.

Stehe zu dem, was du nicht möchtest und sprich es auch ruhig aus, wenn es die Situation erfordert. Es ist dein gutes Recht und macht dich ganz nebenbei auch noch stärker, als du denkst.

87. Deine Meinung

Es ist sicherlich richtig, dass du mit deiner Ansicht nicht immer punkten kannst. Besonders zwischen dir und deinem besten Freund kann es wegen Meinungsverschiedenheiten manchmal heftig krachen. Aber am Ende findet ihr immer wieder zusammen.

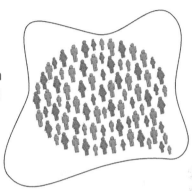

Und dennoch: Es gibt genug Situationen, die auch beweisen, dass es anders geht. Versuche dich zu erinnern: Wie oft wurde deine Meinung in der Vergangenheit akzeptiert und ist sogar gut angekommen? Wenn dir jetzt auch nur eine Situation einfällt, dann ist dann schon super. Mit der Zeit erinnerst du dich noch an viel mehr.

Auch wenn du in manchen Momenten das Gefühl hast, dass es niemanden interessiert was du denkst, sieht die Realität doch ganz anders aus.

88. Fehler sind super

Was soll denn an Fehlern bitte gut sein? Oh, sehr viel mehr als du denkst. Natürlich ist es erst einmal nicht gerade ein tolles Gefühl, wenn du etwas falsch machst. Denn du bist derjenige, der diesen Fehler wieder ausbügeln muss. Das kann niemand freiwillig wollen.

Aber du solltest auch immer bedenken, dass du aus deinen Fehlern lernen kannst. Eines ist sicher: Wenn du beim nächsten Mal in die gleiche Situation kommst, fällt deine Entscheidung bestimmt anders aus.

Du kannst das, was du aus deinen Fehlern für dich gelernt hast, aber auch an andere weitergeben. Wenn dein bester Freund vor einer ähnlichen Entscheidung steht, kannst du derjenige sein, der ihm die richtige Richtung weist.

Das ist doch ein gutes Gefühl, oder? Fehler sind also nicht immer schlecht, sondern helfen dir sogar in der Zukunft.

89. Ehrlichkeit

Es ist vielleicht nicht immer einfach, die Wahrheit zu sagen, aber es bringt dich ein gutes Stück weiter und wird dich stärken.

Völlig egal, wie schwer es dir fällt: Sei immer ehrlich zu den Menschen, die dich umgeben. Besonders dann, wenn es um eine Aussage geht, die dein Gegenüber nicht gerade freut, stärkt es dich wiederum innerlich.

Ein Beispiel: Dein bester Kumpel hat eine neue Hose und ist mächtig stolz auf sie. Nun möchte er natürlich deine Meinung wissen und du siehst es aber völlig anders. Am einfachsten wäre es jetzt natürlich, sich eine Notlüge einfallen zu lassen. Ihm zu erzählen, dass sie dir genauso gut gefällt, wäre am leichtesten. Aber es bringt dich nicht weiter. Stehe zu deiner Meinung und verpacke in freundliche Worte, dass die Hose nicht so ganz deinem Geschmack entspricht. Ganz bestimmt wirst du damit keinen großen Streit provozieren. Es ist nur deine ehrliche Meinung und die ist wertvoller, als eine ausgedachte Notlüge.

90. Frage, wenn dir danach ist

Manchmal hast du das Gefühl, dass deine Fragen andere stören. Du magst es selbst nicht, wenn du immer wieder nach einer Antwort suchen musst. Besonders störend kann das in der Schule sein.

Du kommst bei der neuen Matheaufgabe einfach nicht weiter und hast deinen Lehrer auch schon wiederholt um eine Hilfestellung gebeten. So gehst du hier den leichtesten Weg und sagst lieber gar nichts mehr. Aber das ist nicht die richtige Richtung.

Erlaube dir ruhig, Fragen zu stellen; das ist nicht schlimm! Vielmehr zeigt es, dass du dich für etwas interessierst und in der Lage bist, auch über deinen Schatten zu springen. Wenn du nicht im Unterricht fragen möchtest, dann findet sich sicherlich etwas Zeit nach dem Unterricht. Aber im Großen und Ganzen kannst du immer davon ausgehen, dass es nicht falsch ist. Und wenn dein Gegenüber dir zu verstehen gibt, dass es ihn stört, dann fragst du einfach jemand anderen.

Traue dich ruhig, es zeugt von sehr viel Selbstbewusstsein und Wissendurst, wenn du es versuchst. Es ist ein tolles Gefühl!

91. Keine Vergleiche

Du ärgerst dich immer wieder, warum du nicht so gut bist, wie dein Freund. Du möchtest unbedingt auch so einen guten Schulabschluss wie dein großer Bruder, hast aber schon jetzt das Gefühl, dass sein Schnitt für dich gar nicht zu erreichen ist.

Diese Vergleiche sind alles andere als gut für dich. Lasse sie nicht zu, denn jeder Mensch ist anders. Du wirst ebenfalls etwas erreichen, was die anderen nicht schaffen. Du kannst Träume verwirklichen, die andere vielleicht ein ganzes Leben haben werden.

Hast du es schon einmal von dieser Seite aus gesehen? Wenn du negativ über dich denkst, kann das ganz schnell Formen annehmen, die großen Schaden in Bezug auf dein Selbstbewusstsein auslösen. Du wirst immer wieder das Gefühl haben, nicht gut genug zu sein. Du fühlst dich schwächer und schlechter.

Schiebe diese Gedanken zur Seite, denn sie haben nichts in deiner Nähe verloren. Ein kleiner Vergleich ist ab und an in Ordnung, aber dabei sollte es auch bleiben.

92. Wünsche der anderen

Es ist nicht schön, wenn du immer wieder von einer anderen Person kommandiert wirst. Erst sollst du das machen und dann plötzlich das. Jeden Tag scheint sie eine andere Aufgabe für dich zu haben.

Rede mit dieser Person, und bitte sie darum, freundlicher mit dir umzugehen. Es ist dein gutes Recht! Du musst das nicht aushalten. Dieser Schritt wird dir vielleicht nicht leicht fallen, aber wenn du deine Gedanken erst einmal ausgesprochen hast, wirst du dich gleich viel wohler fühlen. Sollte diese Person das nicht verstehen, nimmst du Abstand. Aber wenn alles gut läuft, habt ihr von jetzt an ein viel besseres Verhältnis.

Wünsche eines anderen Menschen an dich sind absolut in Ordnung. Aber du weißt: Der Ton macht die Musik!

93. Lob erkennen

Lob ist überall versteckt und ist wirklich toll! Wenn dich jemand lobt, dann darfst du dich auch ruhig darüber freuen. Vielleicht neigst du dazu, es einfach zu ignorieren, oder dich klein zu machen. Warum? Du hast gerade etwas richtig gut gemacht und jemand anderes freut sich darüber. Da kannst du auch stolz sein.

Wenn also jemand zu dir sagt: „Das hast du aber wirklich super gemacht!", bedanke dich und gehe mit einem Lächeln durch den Tag. Denn jetzt scheint die Sonne, auch wenn der Himmel voller Wolken ist.

Lob ist eine tolle Sache.

94. Kritik ist erlaubt

Kritik fühlt sich nicht besonders gut an, aber du wirst in deinem Leben nicht immer darum herum kommen. Ein Freund oder auch deine Eltern sind mit einer gewissen Sache, die du gemacht hast, einfach nicht zufrieden. Das sagen sie dir auch. Es könnte klingen wie: „Warum hast du das denn so gemacht? Es wäre doch auch anders gegangen!"

Das klingt erst einmal hart und vielleicht hast du auch eine Weile an der Kritik zu knabbern, aber zerbrich dir nicht zu sehr den Kopf darüber. Sondern sieh es als einen wichtigen Hinweis für dein Leben. Jetzt weißt du, was du beim nächsten Mal besser machen kannst und der Kritiker wollte dir doch auch bloß helfen. Es war nicht böse gemeint, ganz bestimmt nicht.

Kritik ist also normal und trifft jeden einmal!

95. Vorbild suchen

Du möchtest ein bestimmtes Ziel erreichen und traust es dir nicht zu? Lasse dich von deinen Gedanken nicht aufhalten und orientiere dich an einem Menschen, der ähnliches geschafft hat. Sehr oft helfen hier schon deine Eltern. Was haben sie in ihrem Leben erreicht und was könnte es für dich bedeuten? Vielleicht hat dein Papa einen Beruf, den du auch gerne ergreifen möchtest. Aber natürlich kannst du dir auch andere Menschen zum Vorbild nehmen. Sogar Prominente können dabei hilfreich sein. Du willst ein großer Fußballprofi werden? Dann los! Dein Lieblingsspieler hat es auch geschafft. Dann kannst du es auch erreichen, wenn du es wirklich willst!

Vorbilder können sehr viel bewirken, auch dann, wenn du sie nicht persönlich kennst. Sie spornen dich an und motivieren!

96. Lachen

Eine recht einfache, aber sehr effektive Methode, wenn du dich selbst stärken möchtest, ist Lachen. Kannst du aus vollem Herzen heraus lachen? Sehr gut! Dann gehst du schon einen wichtigen Schritt in Richtung Selbstbewusstsein.

Lasse dich nicht von anderen stören und halte deine Freude nicht zurück. Sie gehört dir und du kannst sie auch herauslassen. Lachen schüttet obendrein auch sehr viele Glückshormone aus, die dich zu neuen Ideen beflügeln können.

Also dann: Lache einfach mal wieder, so, wie es dir gefällt!

97. Schmunzel über dich selbst

Bleibe noch einen Moment beim Thema Lachen. Doch dieses Mal schaust du es dir von einer „anderen Seite" an. Kannst du auch über dich selbst lachen? Das ist gar nicht so einfach, aber wenn du es kannst, ist das ein sehr großer Schritt.

Du hast einen Fehler gemacht? Was soll's! Schmunzle drüber und wische ihn zur Seite. Oder du bist vor einem guten Freund ausgerutscht und er schaut dich jetzt mit großen Augen an? Das kann peinlich sein, muss es aber nicht. Bedenke immer, dass es einem anderen genauso gehen kann. Also lache und schon ist der Moment gar nicht mehr so unangenehm.

Das kannst du auch üben, wenn du allein bist und dir ein solches Missgeschick passiert. Hier bekommst du ein Gefühl dafür, wie gut es sich anfühlt.

98. Grübeln oder Nachdenken

Es ist gar nicht so einfach, immer im Hier und Jetzt zu sein, oder? Auch wenn viele Jugendlichen der Meinung sind, dass dieses Problem bloß die Erwachsenen betrifft, ist das nicht der Fall.

Du kannst natürlich einmal länger über einen Streit nachdenken, als es tatsächlich nötig ist. Das muss aber nicht sein. Wenn es ein Problem gab, grübele nicht länger darüber nach. Beim Grübeln drehen sich die Gedanken wie in einem Hamsterrad um das Problem, ohne einer Lösung näher zu kommen. Meist kommen dann noch negative Emotionen dazu, wie Angst, Hilflosigkeit und Ärger.

Über ein Problem nachzudenken ist dagegen zielgerichtet und sachlich.

Wenn du feststellst, dass du es nicht mehr ändern kannst, dann nimm es an. Denke darüber nach, was du nächstes Mal anders machen kannst und schau nach vorn!

Wenn du über schlechte Erfahrungen zu lange grübelst, schadet das nur deinem Selbstbewusstsein.

Die Sprache der Mädchen – Mag sie mich?

Du kannst Mädchen viel zu oft nicht so richtig verstehen und dennoch entwickelst du ein Interesse, das bis jetzt noch nicht da war.

Vielleicht wunderst du dich ein wenig über deine eigenen Gedanken und du fragst dich auch, warum du immer wieder einen Blick in ihre Richtung wirfst. Aber schau dich ruhig um. Du bist nicht allein, denn deinen Altersgenossen und Freunden geht es ähnlich.

Es kann auch sein, dass du dich mit Freunden ab und an über ein bestimmtes Mädchen austauscht. Sie gefällt euch vielleicht und erst später bemerkt ihr, dass auch das eine Veränderung und völlig neu ist.

Aber ihr müsst euch nicht dafür schämen, denn wie schon angesprochen, ist diese Entwicklung in der Pubertät völlig normal. Die Hormone fahren Achterbahn und du entdeckst deine Umwelt und auch die Menschen für dich ganz neu.

Wenn du vor einem Jahr noch schmunzeln musstest, wenn sich zwei Menschen geküsst haben, dann wirst du jetzt neugierig sein und dich vielleicht sogar fragen, wie es sich mit einem bestimmten Mädchen anfühlen würde, dass dir besonders gut gefällt.

Lasse diese Gedanken ruhig zu! Sie sind toll und begleiten dich ein gutes und schönes Stück in deiner Entwicklung, die unsagbar wichtig ist!

Und dennoch scheinen dich all diese unbeschreiblichen Gefühle nicht weiterzubringen. Du weißt zwar, dass dir dieses Mädchen gefällt, aber mag sie dich auch? Sie scheint unendlich viele Botschaften zu senden, doch nicht eine einzige ist richtig klar!

Aber das werden sie bald sein: Denn die folgenden Hinweise bringen Licht ins Dunkel und schon bald wirst du erkennen, was deine Auserwählte über dich denkt.

99. Mit Mädchen reden

Ist dir in der letzten Zeit aufgefallen, dass deine Flamme besonders gerne von ihrem Tag erzählt oder von dir wissen möchte, wie du deine Zeit verbracht hast? Auch scheint sie gar nicht aufzuhalten zu sein, wenn es um allgemeine Gespräche geht.

Während ihr auf diese Weise recht oft Zeit miteinander verbringt, beschleicht sie immer wieder ein leichtes Lächeln. Es soll dir zeigen, dass sie gerne in deiner Nähe ist und deine Anwesenheit genießt.

Nun ergibt sich ein Gespräch natürlich nicht einfach so. Du kannst ihr Wohlwollen also nur erreichen, wenn du sie selbst ansprichst (sollte sie sich nicht trauen), oder sie den Mut hat und selbst auf dich zukommt.

Warte ab und entscheide, was besser für dich ist. Setze dich nicht unter Druck. Wenn du dich heute noch nicht traust, sie anzusprechen, dann ist morgen auch noch ein Tag, den du sicherlich nutzen kannst.

100. Deine Nähe

Wenn ein Mädchen gerne bei dir ist, dann genießt sie deine Anwesenheit. Solltest du mit ihr reden und sie scheint immer wieder schnell das Weite zu suchen, solltest du dich lieber nach einem anderen Mädchen umschauen.

Aber wir glauben natürlich an das Gute! Beobachte sie und finde heraus, ob sie auch gerne ein paar Gründe erfindet, um noch etwas länger bei dir zu sein.

Achte auf ihre Signale. Lächelt sie dich an, oder verzieht sie eher gar keine Mine, wenn sie bei dir steht? Schaut sie sich immer wieder um, als suche sie einen Grund, um zu verschwinden, oder ist sie ganz entspannt und geht auch auf Fragen ein?

Es gibt viele Faktoren, die dir zeigen können, dass ein Mädchen gerne an deiner Seite ist. Und wenn du diese erkennst, kannst du auch davon ausgehen, dass sie dich wirklich gerne hat.

Aber du kannst diese gewollte Nähe auch erkennen, wenn ihr nicht in ein Gespräch verwickelt seid. Solltet ihr zusammen in einer Gruppe stehen, z.B. in der Pause auf dem Schulhof oder einem anderen Treffen am Nachmittag, dann ist sie nie weit von dir entfernt. Sie wird es sicherlich nicht sofort zugeben, aber sie sucht immer einen Platz in deiner Nähe. Zwar wahrt sie einen gewissen Abstand, um nicht aufzufallen, aber rutscht auch gerne ein Stück nach, wenn du einen neuen Standort wählst.

Kurzum: Deine Nähe ist ihr wichtig, ganz gleich, ob ihr allein seid, oder euch mit mehreren Leuten trefft.

101. Witze

Bist du ein guter Witzeerzähler? Hierzu braucht es manchmal auch ein wenig Talent. Es gibt durchaus Personen, die den schlechtesten Witz so gut erzählen, dass trotzdem alle lachen können.

Aber hier geht es natürlich nicht darum, ob du gut erzählst oder nicht. Auch wenn du zu den Jungs gehörst, die beim Erzählen Probleme haben, muss das natürlich nicht heißen, dass du weniger Interesse bei deiner Auserwählten weckst.

Hier kannst du ganz klar erkennen, wie sie zu dir steht und ob sie dich richtig mag.

Stelle dir also folgende Situation vor: Deine Freunde und dein Schwarm sind in der Nähe und du erzählst einen Witz, den du eigentlich lustig findest. Leider versprichst du dich ein paar Mal und der große Lacher kommt viel zu kurz. Du endest und deine Freunde tauschen nur nervöse und unsichere Blicke. Doch dann ertönt ein Lachen und es ist natürlich das Mädchen, das du magst.

Wenn das der Fall ist, kannst du dich glücklich schätzen. Denn wenn sie Interesse für dich hat, wird sie dich mit ihrem Lachen unterstützen und dir Mut machen wollen. Sie gibt dir Halt und möchte dir zeigen, dass du ihr trotzdem wichtig bist, völlig egal, ob der Witz nun gut war oder nicht.

102. Besondere Blicke

Auch ein Blick kann ein wichtiges Signal sein. Doch hier gibt es zwei Möglichkeiten.

Wenn ein Mädchen deinem Blick immer wieder ausweicht und schnell einen anderen Punkt in der Ferne sucht, ist es durchaus möglich, dass sie dich mag. Achte darauf, wie sie es macht. Wenn sie dabei nervös zu sein scheint, ist das ein gutes Zeichen dafür, dass sie dich mag. Sollte sie aber eher gelangweilt wirken, gibt das eher keinen Punkt für dich.

Dann gibt es aber auch noch Mädchen, die genau anders handeln. Sie suchen deinen Blick, möchten dich ansehen und natürlich auch von dir angesehen werden. Sie starren nicht, aber sie schauen auch nicht weg und lächeln dabei sogar noch leicht.

Beide dieser besonderen Blicke können darauf hindeuten, dass das Mädchen mehr für dich empfindet, als sie vielleicht zugeben möchte.

103. Veränderung der Haltung

Manchmal fällt die Veränderung in der Haltung gar nicht auf. Es braucht besondere Beobachtung und auch das genaue Kennen deiner Auserwählten. Schaue also hin, wie sie sich verhält, wenn du einen Raum betrittst oder zu der Gruppe dazustößt.

Es können ganz kleine Anzeichen sein. Vielleicht strafft sie plötzlich die Schultern, setzt sich aufrechter hin oder streicht ihr Haar glatt. Auch kann sie immer wieder, während du in der

Nähe bist, an ihrer Kleidung zupfen und kontrollieren, ob alles noch richtig sitzt und gut aussieht.

Es kann aber auch sein, dass sie dich sofort begrüßt, während andere noch weiter ihren Gesprächen nachgehen.

Vielleicht bist du jetzt sogar ein wenig überrascht, weil du sofort an ein Mädchen denkst, dass dieses Verhalten zeigt. Das ist doch schön! Lasse es auf dich wirken und beobachte es noch ein wenig weiter. Starre sie aber nicht an!

104. Herzliches Lächeln

Du hast jetzt schon sehr oft gelesen, dass lächeln wichtig ist. Das weißt du natürlich. Aber wenn ein Mädchen dich immer wieder anlächelt, kann es eine ganz bestimmte Bedeutung haben. Sie mag dich!

Ist es dir bei deiner Auserwählten schon aufgefallen? Das kann während eines Gesprächs immer wieder vorkommen, oder auch nur, wenn du sie anschaust und gar nichts sagst. Das Lächeln kann verlegen sein oder auch sehr freundlich und direkt: Welcher Art sie auch sind, sie sind sehr schön anzusehen und werden dein Herz erwärmen.

105. Berührungen

Es geht um diese ganz zufälligen Berührungen, die deine Auserkorene aber auch immer wieder und ganz bewusst sucht.

Wenn sie neben dir steht, kann es passieren, dass sie immer wieder mit der Schulter an deine stößt. Es ist aber auch möglich, dass sie rein zufällig deine Hand berührt, wenn du nach etwas greifst. Möglich ist aber auch ein Verhalten, dass du vielleicht aus Filmen kennst. Sie ist es, dir die sagt, dass du etwas im Haar oder an der Jacke hast. Dann wird sie kurz darauf zeigen und es sofort entfernen. Auch wenn sie dabei nicht deine Haut berühren kann, wird sie es sehr genießen, dir so nahe zu sein. Ja, ein solcher Moment kann auch dir als Junge begegnen. Denke doch an dieser Stelle auch einmal darüber nach, wie sie dich begrüßt. Während andere nur kurz die Hand heben und „Hallo" sagen, umarmt sie dich jedes Mal und wird sich auch auf die gleiche Weise verabschieden. Es ist der kleine Unterschied, der entscheidend ist und eine klare Botschaft hat.

106. Allein sein

Es kann doch so schön sein, die Ruhe zu genießen.

Ein Mädchen, das dich mag, denkt ähnlich und möchte natürlich auch die Zeit mit dir genießen. Da sie das natürlich nicht so offen sagen kann, ist es ihr nur möglich, stumm zu handeln. So wird sie immer die letzte Person sein, die geht. Sie wird ganz bewusst noch ein Gespräch mit dir beginnen, wenn alle anderen schon gegangen sind.

Sie möchte einfach mit dir allein sein und nicht durch andere abgelenkt werden. Auf diese Weise hat sie die Möglichkeit, die Aufmerksamkeit auf sich zu lenken. Insgeheim hofft sie jetzt, dass du sie anders siehst, als sonst, wenn eure Freunde in der Nähe sind.

107. Gleiche Interessen

Es ist doch schön, einen Menschen zu kennen, der sich für dich gleichen Dinge interessiert wie du.

Bei einem interessierten Mädchen ist es genauso. Sie wird mit der Zeit anfangen, deine Vorlieben ebenso zu teilen.

Das kann ebenfalls wieder zwei Gründe haben. Sie möchte deine Hobbys erkunden und hat dabei wirklich Gefallen an dem einen oder anderen Bereich gefunden. Nun möchte sie das natürlich mit dir erleben. Es ist aber auch möglich, dass sie Gesprächsthemen sucht und deswegen ihren Wissensschatz ein wenig erweitern möchte.

Beides ist natürlich sehr gut und zeigt dir, dass sie sich wirklich für dich interessiert.

Wichtig ist für dich zu wissen, ob sie sich zuvor wirklich nicht mit diesen Themen auseinander gesetzt hatte.

108. Flirtversuche

Was etwas lustig klingt, ist aber eine typische Angewohnheit eines Mädchens, die deine Aufmerksamkeit wecken möchte. Welche Gedanken sie dabei genau hat, kann natürlich nicht ergründet werden. Vielleicht wird sie es dir irgendwann verraten.

Klar ist aber, dass sie dich als etwas ganz Besonderes sieht (vorausgesetzt, sie macht es nur bei dir). Achte auf ihren Blick und ihre Flirtversuche, wenn diese deutlich zu erkennen sind.

Es kann sein, dass sie dich durch diese Geste nervös machen möchte, um deine Gefühle ein wenig heraus zu kitzeln.

Denn sind wir einmal ganz ehrlich: Es fällt doch nicht immer leicht zuzugeben, was du wirklich für ein Mädchen empfindest. So wirst du es auf jeden Fall schon sehr bald wissen.

109. Aufmerksamkeit

Dir ist schon eine ganze Weile aufgefallen, dass ein bestimmtes Mädchen sich besonders hübsch macht, wenn du in der Nähe bist.

Sie kann dies auf viele Arten tun. Entweder zieht sie sich besonders hübsch an, oder präsentiert sich immer wieder mit der schönsten Frisur. Auch schminkt sie sich deutlich anders, als wenn du sie zufällig im Alltag erblickst.

Klar ist, sie möchte, dass du sie ansiehst und hofft, dass sie so deine Aufmerksamkeit erregen kann. Sie gibt sich wirklich Mühe und es lohnt sich auf jeden Fall, etwas genauer hinzuschauen.

110. Nervosität

Wenn du Angst hast, wirst du auch nervös. Und wenn du einem Menschen begegnest, der es dir besonders angetan hat, wirst du ebenfalls nervös. Die Gründe dafür sind recht einfach. Du befürchtest, etwas falsch zu machen oder etwas Unpassendes zu sagen.

Dem Mädchen in deiner Gegenwart geht es natürlich nicht anders, wenn sie dich sehr gern hat. Sie entwickelt auch eine Art Angst, die aber anderer Natur ist, und wird nervös.

Das kannst du an einem leichten Beben in der Stimme erkennen oder dass sie im Sitzen immer wieder mit dem Bein wippt. Es ist aber auch möglich, dass sie immer wieder eine Haarsträhne hinter ihr Ohr streicht und die Hände an ihren Oberschenkeln abwischt. Es gibt sehr viele Hinweise, die auf ihre Nervosität deuten. Wenn das wegen dir passiert, kann es durchaus ein schönes Gefühl sein.

Versuche sie ein wenig zu unterstützen und ihr ein wenig Sorge zu nehmen.

111. Unterbrochene Unterhaltungen

Unterbricht ein Mädchen die Unterhaltung, weil du auftauchst, zeigt das ganz deutlich, dass du ihr wichtig bist. Wenn du in der Nähe bist, und eine Frage hast, wird sie sofort das Gespräch mit einer anderen Person unterbrechen, nur um dir antworten zu können.

Das wird dich sicherlich verwundern, aber wenn du zu ihr sagst, dass du warten kannst, wird sie nur abwinken und sich voll und ganz auf dich konzentrieren. Oft kann auch eine Bemerkung fallen, wie: „ach, es war gar nicht so wichtig!", oder „es hat später noch Zeit!".

Dieser Punkt geht eindeutig an dich!

112. Zuhören

Wenn du mit ihr redest, wird sie förmlich an deinen Lippen hängen und lauscht jedem noch so leisen Wort. Aber das natürlich auf eine Art, die überhaupt nicht aufdringlich ist.

Solltest du sie dann ein paar Tage später nach einem Gespräch fragen, an dessen Inhalt du selbst dich nicht mehr zu 100 % erinnern kannst, wird sie dir alles wiedergeben können.

Das ist auch kein Wunder: Sie möchte nichts aus deinem Leben verpassen und freut sich über alles, was sie von dir erfahren und hören kann.

113. Du bist der einzige Junge

Du bist der einzige, klingt doch schön, oder? Auch in diesem zarten Alter ist eine solch klare Entscheidung schon möglich.

Sehr auffällig ist es, wenn du auftauchst und ein Mädchen gerade mit einem anderen Jungen redet. Das wäre für dich nicht schlimm, aber sie würde dennoch so schnell wie möglich das Gespräch beenden.

Das hat einen sehr guten Grund: Sie möchte nicht, dass du denkst, sie würde sich für jemand anderen interessieren. Ihr Herz schlägt für dich und wenn sie sich für ein Gespräch mit einem anderen Jungen kurz von dir abwendet, kann es einen falschen Eindruck erwecken. Zumindest sorgt sie sich darum.

Achte ruhig darauf!

114. Deine Reaktion

Einem Mädchen, das dich mag, ist es sehr wichtig, was du von ihrer Meinung hältst. Aber auch wenn sie von etwas erzählt hat, wird sie nicht in die Menge schauen, sondern sofort deinen Blick suchen.

Es ist für sie überhaupt nicht wichtig, was die anderen denken. Zuerst möchte sie unbedingt erfahren, was du von ihren Ausführungen hältst. Deine Reaktion ist das, was ihren Moment ausmacht.

Ihr Verhalten ist auch völlig normal! Sie möchte dir gefallen und sofort wissen, wenn etwas bei dir auf Unbehagen stößt.

115. Ständige Nachrichten

Das Zeitalter von WhatsApp macht das Schreiben von Nachrichten nur zu leicht und jedem natürlich auch möglich. Früher waren es Briefe und viele Jahre später schon die SMS. Doch heute ist daran gar nicht mehr zu denken. Zwar gibt es diese Möglichkeiten der Kommunikation noch immer, aber sie werden nur noch von wenigen Menschen genutzt. Das heißt aber nicht, dass sie gar nicht mehr gefragt sind.

Wie ist das bei dir? Völlig egal, welches Mittel des Nachrichtenaustausches du nutzt: Das Mädchen, das dich mag, wird dir schreiben und das auffällig häufig. Sollte es dir zu viel werden, sprich es ruhig an, aber verletze sie nicht. Denn hinter ihrem Verhalten können sich Gefühle für dich verbergen, die du dir vielleicht auch wünschst.

Sie möchte an deinem Leben teilhaben und nutzt aus diesem Grund diese Form der Kommunikation, um auch dann nichts zu verpassen, wenn sie nicht bei dir sein kann.

116. Fragen nach deinem Interesse an Mädchen

Mädchen trauen sich nicht immer direkt zu fragen, ob du eine Freundin hast. Manchmal schicken sie ihre beste Freundin vor um das zu erledigen. Wenn sie aber genügend Mut aufgebracht hat, wird sie sich direkt an dich wenden und nachfragen.

Das kann ganz beiläufig geschehen. Sie wird dich vielleicht fragen, ob du Interesse an einem Mädchen, oder ob du eine Freundin hast.

Sollte deine Antwort für sie positiv ausfallen, also dass du ihr sagst, dass du keine Freundin hast, wird sie vielleicht sagen, dass sie sich das gar nicht vorstellen kann.

Das macht sie nicht zufällig, sondern möchte dir signalisieren, dass sie sich durchaus vorstellen könnte, deine Freundin zu sein.

117. Komplimente

Natürlich ist es immer schön, ein Kompliment zu hören. Oft herrscht die allgemeine Meinung, dass Mädchen das ganz besonders mögen. Aber wie ist das bei Jungen? Heißt das denn gleich, dass sie das nicht gerne hören? Natürlich nicht!

Auch du freust dich ganz bestimmt über nette Worte und wenn du diese von einem Mädchen bekommst, kannst du auch schon fast sicher sein, dass sie dich nicht nur als guten Kumpel oder Bekannten sieht.

Es kann natürlich auch „nur" Höflichkeit sein, wenn es bloß einmal passiert. Aber sollte sich das wiederholen, kannst du von weit mehr ausgehen.

118. Zeit mit dir

Wenn du jemanden magst, möchtest du natürlich auch so viel Zeit wie möglich mit ihm verbringen. Das ist bei Mädchen natürlich nicht anders.

Sie hat dich ins Auge gefasst, mag dich besonders und hat nur noch einen Wunsch: So oft wie möglich an deiner Seite sein.

Das möchte sie natürlich auch schon dann, wenn du noch nichts von ihren Gefühlen weißt. Für dich würde sie sogar eine wichtige Verabredung absagen, und richtet sich auch gerne auf ein Treffen ein, das gar nicht für heute geplant war. Das spielt für sie alles keine Rolle! Sie möchte dich sehen und das, so oft es möglich ist.

119. Ihre Sorgen

Wie fühlt es sich für dich an, wenn ein Bekannter zu dir kommt, und seine Sorgen mit dir teilen möchte.

Es ist eine Geste des Vertrauens. Und wenn ein Mädchen dies bei dir macht, sagt es nichts anderes aus. Sie vertraut dir, möchte deinen Rat oder sehnt sich einfach danach, ihre Gefühle einmal loszulassen. Aber das kann und möchte sie nicht bei jedem Menschen, sondern einer Person, die ihr sehr wichtig ist: Das bist du!

Verstehe das bitte nicht falsch, denn diese Handlung von ihr hat nichts mit Jammern und Klagen zu tun. Ganz im Gegenteil. Diese Geste offenbart ihre Zuneigung auf ganz besondere Art und Weise.

Weise sie nicht ab, sondern höre ihr in aller Ruhe zu! Das ist der größte Dank für ihre persönliche Offenbarung.

120. Freundschaftliches Necken

Ein Mädchen, das dich mag, wird natürlich nicht sofort ganz offen ihre Gefühle zeigen. Zumindest nicht in den meisten Fällen. Vielmehr versucht sie immer wieder mit harmlosen Neckereien auf sich aufmerksam zu machen.

Das kann ganz unterschiedlich aussehen und lässt sich pauschal nicht sagen. Auffällig ist aber das Verhalten bei einem recht schüchternen Mädchen. Wenn ein solches dich mag, wird sie in deiner Gegenwart Stück für Stück lockerer werden. Während sie die ersten Minuten nicht viel sagt, bringt sie sich mehr und mehr ins Gespräch ein und macht zum Schluss vielleicht sogar Witze. Sollte dir das auffallen, kannst du davon ausgehen, dass sie ein gesteigertes Interesse für dich hat!

08 KAPITEL

Sie ist toll – Was kann ich tun?

Und dann ist es auch schon passiert! Es geschieht ganz schnell und du kannst dich natürlich auch nicht dagegen wehren. Nur noch Sie ist in deinen Gedanken und es ist kaum möglich, sich abzulenken. Ganz egal, was du auch machst: Ihr Bild ist ganz fest in dir verankerst und wenn du weißt, dass du sie morgen wiedersiehst, kannst du die ganze Nacht nicht schlafen.

Dein Herz schlägt laut und schneller bei ihrem Anblick und du möchtest ihr so viel sagen. Doch dann vergisst du meistens was du sagen wolltest und sehnst dich nach ein wenig mehr Klarheit!

So könnte es in dir aussehen, wenn du SIE getroffen hast. Für dich ist sie das tollste Mädchen das du kennst. Du versuchst, Signale zu erkennen, bist dir aber nicht sicher. Bevor du einen Schritt auf sie zugehst, braucht es noch ein bisschen mehr. Doch wie kannst du das erreichen?

Erwecke ihre Aufmerksamkeit und steigere das Interesse!

Das klingt jetzt natürlich nicht besonders einfach, aber mit ein paar Tipps wird es dir auch schon gelingen. Habe nur Mut und gewinne das Herz eines Mädchens, dass es dir ganz besonders angetan hat.

121. Humorvoll sein

Lachen ist gesund! Aber nicht nur das: Es macht auch glücklich und entspannt die Situation. Wenn du mit einem Menschen herzlich lachen kannst, dann ist die Anspannung schnell vergessen und ihr werdet viel unbeschwerter miteinander umgehen können.

Das ist natürlich mit deiner Auserwählten nicht anders. Versuche, sie zum Lachen zu bringen. Sei aber dabei nicht zu überdreht. Das heißt also: Versuche nicht, ein Clown zu sein. Das mag jetzt seltsam klingen, aber wenn du etwas wirklich erreichen willst und das Mädchen deiner Träume von dir überzeugen möchtest, kann es auch durchaus einmal zu viel werden. Du merkst es erst dann, wenn sie ein wenig verwundert das Weite sucht. Und das ist natürlich ganz und gar nicht dein Ziel!

Bringe sie also so zum Lachen, habt Freude zusammen. Zeige ihr, dass das Leben wundervoll ist, auch wenn nicht jeden Tag die Sonne scheint. Es gibt immer einen Grund um zu lächeln! Wenn du ihr das näherbringen kannst, hast du schon einen großen Pluspunkt errungen und du wirst garantiert in ihrem Gedächtnis bleiben.

122. Gute Körpersprache

Hast du dir schon einmal über deine Körpersprache Gedanken gemacht? Wenn nicht, dann ist es nicht weiter schlimm, denn das machen die meisten Menschen nicht. Oft ist es die fehlende Zeit oder das Gefühl, dass Worte besser geeignet sind.

Aber darauf solltest du dich nicht verlassen, wenn du mit deiner Auserwählten redest.

Achte also darauf, dass du ihr offen und ehrlich gegenübertrittst. Wenn du mit ihr sprichst, verschränke nicht die Hände vor der Brust, oder versuche dich besonders lässig geben zu wollen. Eine entspannte Haltung kann zwar angenehm sein, aber auch falsche Signale senden. Das heißt natürlich nicht, dass du jetzt stocksteif vor ihr stehen musst. Sei einfach wie du bist, verstelle dich nicht, aber achte auch ein Stück darauf, dass du ihr offene Gesten zeigst. Du kannst das auch zu Hause üben, um wirklich sicher zu sein. Im Spiegel kannst du dann dein Gefühl und deine Haltung überprüfen. Je öfter du es versuchst, desto einfacher wird es auch für dich sein. Das mag jetzt unvorstellbar sein: Aber deine Muskeln gewöhnen sich daran und mit der Zeit ist diese Haltung für dich etwas ganz Normales.

Kleiner Tipp zum Schluss: Die Hände gehören bei einem Gespräch mit einem netten Mädchen auch nicht in die Hosentaschen. Also lieber raus damit! Das kann entscheidend für den Gesprächsablauf sein.

123. Aktiv sein

Was würdest du von einem Mädchen halten, dass die meiste Zeit nur zu Hause verbringt und so gut wie gar nicht vor die Tür geht? Sicher: Es gibt ganz bestimmt Jungen, die das sehr gut finden, aber wenn du nicht zu diesen gehörst, ist dieser Punkt sehr wichtig für dich.

Sei aktiv! Du musst natürlich nicht jeden Tag drei Stunden Sport treiben, aber zeige, dass du mehr kannst, als nur in deinem Zimmer sitzen.

Bewege dich ausreichend, zeige Interesse für deine Umwelt! Das wird ihr ganz bestimmt gefallen und ihr könnt so ein Stück näher zusammenrücken.

124. Andere Mädchen

Wie du schon gelesen hast, wird ein Mädchen, das dich mag, es vermeiden, mit anderen Jungs zu reden.

Umgekehrt kannst du genauso Eindruck machen und ihr zeigen, dass du sie sehr magst. Es heißt natürlich nicht, dass du nun mit keinem anderen Mädchen mehr reden darfst. Achte aber darauf, dass du nur ihr deine volle Aufmerksamkeit schenkst, wenn sie in der Nähe ist. Spricht dich ein anderes Mädchen an, kannst du natürlich antworten, aber achte immer auf ihre Reaktion und konzentriere mehr auf sie, als auf andere.

125. Mach dich interessant

Hast du ein Hobby, das wirklich spannend ist? Hierbei kommt es natürlich auch sehr auf das Mädchen an. Während das eine ein Fußballspiel atemberaubend findet, kannst du eine andere mit einem Fallschirmsprung beeindrucken.

Du musst natürlich nicht gleich aus einem Flugzeug springen, aber denke doch kurz über deinen Alltag nach. Ganz bestimmt findest du etwas, das wirklich aufregend ist und das du deiner Angebeteten stolz präsentieren kannst. Sie wird begeistert sein.

126. Pflege dich

Mädchen mögen es, wenn du gut aussiehst. Es ist nicht nötig, dass du jeden Tag in den schicksten Sachen vor ihr stehst. Aber achte auf eine gute Grundpflege. Kämme dir die Haare, dusche dich, rieche gut und trage saubere Kleidung.

Wenn du das beherzigst, hast du schon sehr viel geschafft und wirst ein Lächeln des Mädchens ernten, das dir richtig wichtig ist.

Noch ein kleiner Tipp: Wenn du gut aussiehst, bekommst du auch automatisch mehr Selbervertrauen.

127. Bleibe du selbst

Du möchtest ihr gefallen, da kann es schnell passieren, dass du dich zu jemandem machst, der du eigentlich gar nicht bist!

Was heißt das? Du verstellst dich, gibst vielleicht vor, gewisse

Interessen zu haben, die du gar nicht hast. Bedenke aber immer, du musst das, was du sagst, auch irgendwann beweisen. Wenn dann auffällt, dass du etwas nur gesagt hast, weil du ihr gefallen wolltest, können die großen Gefühle ganz schnell vorbei sein.

Sei also immer ehrlich, erfinde nichts, das nicht der Wahrheit entspricht und bleibe dir selbst treu. Dann hast du die größten Chancen und wirst garantiert einen bleiben Eindruck hinterlassen.

128. Freundlichkeit

Wenn du ein Mädchen von dir überzeugen möchtest, ist es wichtig, dass du freundlich bist.

Du kannst ihr gerne auch einmal die Tür aufhalten, oder beim Tragen der Schultasche helfen. Sei zuvorkommend, aber nicht aufdringlich. Es kommt auf ein gutes Gleichgewicht an. Denn es hinterlässt sicherlich keinen bleibenden Eindruck bei ihr, wenn sie eine schwere Tasche ganz allein tragen muss. Und diese Erinnerung ist nicht gut.

Ganz sicher fallen dir Dinge ein, bei denen du sie unterstützen kannst.

129. Gut zuhören

Wenn ein Mädchen dich mag, wird sie dir gut zuhören. Das weißt du. Und das solltest du auch tun. So zeigst du ihr, dass du Interesse hast und alles von ihr wissen willst.

Schaue also nicht weg, wenn sie dir etwas erzählt, achte auf Fragen und schule in gewisser Weise dein Gedächtnis. Denn es kann natürlich sein, dass sie dich nach etwas fragt, das schon vor einer Woche geschehen ist. Kannst du dich erinnern? Das wäre toll!

130. Gut behandeln

Es ist äußerst wichtig, dass du deine Auserwählte gut behandelst.

Jeder hat ab und an einen schlechten Tag. Aber lasse sie das nicht spüren und denke trotzdem an deine guten Manieren. Sie kann nichts dafür, dass es bei dir heute einmal nicht so läuft. Du hast eine schlechte Note in Mathe? Das ist ärgerlich und vielleicht bekommst du auch etwas Ärger mit deinen Eltern, weil du doch mehr versprochen hast, aber dafür kann sie nichts. Vergiss das nie. Sei nett und behandle sie immer gut, auch wenn es dir selbst nicht gut geht. Solltest du wirklich einmal allein sein wollen, sage ihr das! Sie wird es verstehen.

131. Kein Podest

Beachtung, gute Behandlung und Freundlichkeit: All diese Dinge sind wichtig, wenn du deiner Auserkorenen gefallen willst, aber du darfst es auch nicht übertreiben. Das heißt für dich: Stelle sie nicht auf ein Podest!

Auch wenn es im ersten Moment für dich richtig erscheint, kann es ihr sehr schnell zu viel werden. „Erdrücke" sie nicht, bleibe immer orientiert und achte darauf, dass es ihr gefällt. Sollten deine Gefühle sie überrollen, wird sie es dir zeigen. Spätestens dann solltest du einen Schritt zurückgehen.

Weniger ist manchmal mehr!

132. Ziehe sie auf

Kehren wir nochmals zum Necken zurück. Damit kannst du mehr Eindruck machen, als du denkst. Hier ein kleiner Witz, hier ein Knuffen und dort ein Necken. Es sind die kleinen Dinge, die richtig Eindruck machen können und die dafür sorgen, dass du in im Kopf deiner Auserwählten bleibst. Auch wenn sie es nicht sagt, wird sie sich an dich erinnern und es sicherlich gut finden. Achte aber darauf, dass du nicht zu sehr aufdrehst. Es gibt auch Mädchen, die sich schnell genervt fühlen.

133. Denke nicht schlecht über sie

Kein Mensch auf der Welt ist perfekt und es kann immer etwas schief gehen. Wenn deine Auserwählte dir von einem Ereignis erzählt, das nicht so gut gelaufen ist, sucht sie tröstende Worte und hofft natürlich auf dein Verständnis.

Hier ist es wichtig, dass du ihr nicht noch zusätzlich Druck machst. Mache sie nicht runter und rede ihr zusätzlich ein schlechtes Gewissen ein. Auch dann nicht, wenn die Situation wirklich eindeutig war und ihr Handeln kaum zu erklären ist. Zeige Verständnis, nicke und nimm sie in die Arme.

Wenn ihr näher zusammengerückt seid, kannst du immer noch deine Meinung, auf angenehme Art und Weise, übermitteln.

134. Gespräche

Reden ist wichtig! Auch in einer Beziehung: Selbst wenn ihr jetzt noch beim Kennenlernen seid. Genau genommen ist es in dieser ersten Phase von großem Vorteil, wenn ihr gut und lange miteinander reden könnt.

Solltet ihr zusammenfinden, verbringt ihr viel Zeit miteinander. Wenn sie ein Mädchen ist, mit dem es keinen Gesprächsstoff gibt, kann sie noch so schön sein. Eine Erfüllung wirst du nicht finden.

Erkenne also in euren Unterhaltungen, ob ihr zusammenpasst und wie die Kommunikation funktioniert. Du kannst sehr viel Wichtiges über euch herausfinden.

135. Der erste Kuss

Und dann ist es auch schon so weit: Du hast das Herz deiner Auserwählten gewonnen und ihr sehnt euch nach etwas mehr Nähe. Ihr rückt mehr und mehr zusammen und dann berühren sich eure Lippen.

Wie du deinen ersten Kuss erlebst, kann ganz unterschiedlich sein. Während manche Jungen von viel Feuchtigkeit berichten, erzählen andere von einer kurzen Lippenberührung.

Hier eine Aufstellung zu machen, ist überflüssig, denn du sollst deine eigenen Erfahrungen machen. Sollte es nicht nach deinen Vorstellungen sein, bleibe ruhig: Es wird nicht der Letzte sein und zusammen könnt ihr doch ein wenig üben!

09
KAPITEL

Verantwortung, Unsicherheiten und Probleme

Mit dem Erwachsenwerden verändert sich in deinem Leben sehr viel. Du machst neue Erfahrungen und möchtest natürlich auch sehr viel mehr ausprobieren.

Aber nicht immer ist das, was du herausfinden willst, auch gut. Und nicht immer ist das, was du erfährst, auch schön für dich!

Es gibt also sehr viel zu entdecken und auch viele Dinge, auf die du aufpassen solltest. Denn nicht immer ist alles so leicht, wie es scheint. Es warten auch Erlebnisse auf dich, die Konsequenzen nach sich ziehen, die auf den ersten Blick gar nicht abzusehen sind.

Wäge also mit Bedacht ab, ob ein Schritt wirklich gut ist, oder nicht! Du triffst die Entscheidung für dich und deine Zukunft.

136. Das erste Mal

Du hast ein Mädchen gefunden, das du wirklich richtig gern hast. Ihr seid nun schon eine Weile zusammen und jetzt wollt ihr auch noch einen Schritt weiter gemeinsam gehen.

Dabei ist zuerst wichtig, dass ihr beide euch einig seid und es tatsächlich beide wollt. Wenn es nur auf Einseitigkeit beruht, ist es definitiv noch nicht die richtige Zeit.

Redet darüber und findet heraus, ob ihr das Gleiche wollt. Und ist diese Entscheidung getroffen, nehmt euch alle Zeit, die ihr braucht.

Es ist ein ganz besonderer Moment, den ihr wohl nie mehr vergessen werdet. Nichts drängt euch und ganz wichtig ist: Macht es nicht, nur um dazuzugehören! Es geht hierbei nur um euch und nicht um die anderen, denen du vielleicht etwas beweisen willst.

137. Verhütung

Wenn du Sex mit einem Mädchen hast, egal, ob es das erste Mal ist oder schon öfter geschehen ist, solltest du immer an die Verhütung denken. Verlasse dich nicht darauf, dass sie die Pille nimmt und du solltest es auch nicht voraussetzen.

Denn diese Art der Verhütung schützt nicht vor Krankheiten. Benutze also immer ein Kondom!

Die Auswahl ist groß! Suche dir in Ruhe das aus, das dir, bzw. euch gefällt und probiert euch ruhig aus. Schutz und Verhütung sollte wirklich an erster Stelle stehen, besonders dann, wenn ihr euch noch nicht so lange kennt.

Übernimm Verantwortung, dann bist du auch bereit dafür, diesen Weg zu gehen. Bedenke immer, dass es sonst nicht ausgeschlossen ist, dass deine Freundin vielleicht schwanger werden könnte. Und ob du diese Verantwortung in deinem Alter tragen möchtest, steht auf einem ganz anderen Blatt!

Kurzum: Sex ist absolut in Ordnung und normal, aber bitte nur mit Verhütung.

138. Mobbing

Auch wenn es keiner erleben möchte, heißt es leider nicht, dass du nicht selbst einmal betroffen bist.

Mobbing kann sehr viele Formen annehmen. Es kann mit Worten beginnen und bis hin zu körperlichen Angriffen führen. Die Gründe dafür sind oft nicht ganz klar. Den Tätern gefällt hier oft das Aussehen oder auch die gute schulische Leistung des Betroffenen nicht. Manchmal wissen die Kinder, die andere immer wieder schikanieren, selbst nicht, was ihnen nicht gefällt: Vielleicht haben sie einfach nur Freude daran.

Aber abgesehen von den Gründen ist es wichtig, dass du darüber redest, sollte es dich selbst betreffen. Aber auch, wenn du einen Betroffenen kennst, kann es ihm sehr helfen, wenn du ihm Halt gibst und ihn unterstützt.

In den meisten Fällen wagen Betroffene es nicht, darüber zu sprechen. Oft stehen auch Drohungen der Täter im Hintergrund.

Lass dich nicht einschüchtern, rede darüber! Denn nur dann kann dir auch geholfen werden. Niemand hat es verdient, gehänselt zu werden. Stärke ist, sich dem Problem zu stellen.

139. Internet und seine Tücken

Ganz sicher wirst du früher oder später auch deine ersten Schritte im Internet gehen. Vielleicht hast du sie auch schon getan.

Das Internet bleibt immer, was es ist! Nur die Themen, nach denen du suchst, werden sich verändern. Jetzt interessieren dich keine Stars und Sternchen oder das Fußballergebnis mehr, sondern eher deine Gefühle und was daraus entstehen kann.

Viele Jungen tummeln sich bei ihrer speziellen Erkundungstour auch in diversen Chaträumen. Dabei kannst du mit völlig fremden Menschen kommunizieren. Du siehst sie nicht, kennst sie nicht, kannst dich aber austauschen. Auch dagegen ist zuerst einmal nichts einzuwenden. Achte aber darauf, mit wem du dich unterhältst.

Wenn das Gespräch eine Form annimmt, die du nicht mehr gut findest, wende dich ab. Du musst dich nicht entschuldigen! Triff deine Entscheidung für dich und dann ist es auch gut so. Nicht selten lauern auf der anderen Seite Menschen, die dir nichts Gutes wollen.

Es kann natürlich auch eine Freundschaft fürs Leben entstehen! Aber passe bitte auf: Es ist Vorsicht geboten und wenn dir eine Bemerkung oder ein bestimmtes Verhalten des virtuellen

Gesprächspartners seltsam vorkommt, kannst du immer noch mit deinen Eltern darüber sprechen.

140. Alkohol

Eines ist ganz klar: Auf deinem Weg zum Mann wirst du es sicherlich einmal ausprobieren: Ein Bier oder Wein, so wie Papa und Mama es manchmal trinken (wenn sie es denn tun). Das ist auch vollkommen in Ordnung. Du möchtest herausfinden wie es schmeckt. Und wer weiß: Vielleicht schmeckt es dir überhaupt nicht und du rührst es ab diesem Tag nicht mehr an. Oder es kann auch sein, dass du es später noch einmal probierst. Genauso kannst du aber auch Gefallen daran finden! Du solltest in jedem Fall wachsam sein!

Du musst dein Limit kennen und jedes Wochenende eine Party, auf der Alkohol in Strömen fließt, sollte nicht in deinem Sinn sein! Auf Dauer kann dieser Genuss sehr viel Schaden anrichten. Besonders während des Wachstums! Aber auch später, wenn dieser Prozess abgeschlossen ist, kann Alkohol

sehr viel anrichten, dessen Tragweite du jetzt vielleicht noch gar nicht abschätzen kannst.

Also passe bitte auf, dann ist gegen das Probieren auch gar nichts einzuwenden.

141. Drogen

Einmal Drogen probiert, triffst du eine Entscheidung, die für immer währen kann. Willst du das? Dabei kann nicht geraten werden, dass ein Ausprobieren in Ordnung ist. Wenn du nicht mit unnötigen Spätfolgen konfrontiert werden willst, ist es besser, Drogen gar nicht erst anzurühren.

Aber das ist nicht immer so leicht. Vielleicht wirst du irgendwann Menschen begegnen, die Drogen in den schönsten Farben ausmalen. Sie erzählen dir, dass ein Versuch nicht so schlimm ist und es dir gefallen wird.

Besonders dann, wenn es dir einmal nicht so gut gehen sollte, werden sie an deiner Seite sein und dir etwas schmackhaft machen, was ganz sicher nicht zu deinem Leben gehören muss.

Für dich gilt also: Nimm Abstand von Drogen in jeglicher Form. Schon allein das einmalige Ausprobieren kann Formen annehmen, die du jetzt noch nicht verstehen kannst. Das hat nichts mit Unwissen zu tun, sondern es geht fast allen Jugendlichen so, die unwissend begonnen haben und nun nicht mehr aus dem Drogensumpf herauskommen

142. Du darfst auch „Nein" sagen

Du hast nicht das Recht, „Nein" zu sagen. Aber ist das wirklich so?

Hier gibt es nur eine Antwort: Nein! Du bist zwar jung, aber du kannst dennoch eine eigene Entscheidung treffen. Denke immer daran, dass du dich wohlfühlen musst, und nicht die anderen, die eine Antwort von dir erwarten.

Du solltest aber auch abwägen. Wenn deine Eltern einen Wunsch an dich haben, kannst du davon ausgehen, dass sie es wirklich gut mit dir meinen und dich auch frei wählen lassen. Aber bei Menschen, die dir nicht so nahe stehen, kannst du ruhig etwas länger überlegen. Es stimmt, dass du jung bist, aber auch du hast schon ein Stück weit Erfahrungen gesammelt und kennst deine Grenzen.

Wenn du dich also erst Nachmittag mit deinem Kumpel treffen möchtest, weil du jetzt keine Zeit hast, dann ist das in Ordnung. Lasse dich von ihm nicht von etwas anderem überzeugen, sondern schätze für dich selbst ein, was du kannst und was nicht!

143. Streitigkeiten mit den Eltern

Du befindest dich in der Pubertät und veränderst dich: Und das nicht nur körperlich. Deine Gefühle spielen verrückt und du hast vielleicht andere Ansichten, als noch vor einem halben Jahr. Das ist nicht nur für dich ungewohnt, sondern auch für deine Eltern. Sie scheinen dich manche Tage nicht wiederzuerkennen und dir selbst wird diese emotionale Veränderung nur recht selten bewusst.

Und so kommt, was kommen muss: Ihr werdet immer wieder Meinungsverschiedenheiten austragen, die nicht nur an deinen, sondern auch an den Nerven deiner Eltern zerren.

Also wundere dich nicht, wenn es ab und an ein paar kleine Streitigkeiten gibt. Denke immer daran, dass es nicht nur für dich, sondern auch für deine Eltern nicht sehr leicht ist. Dann sind die meisten Probleme vielleicht auch schon aus der Welt geschafft.

144. Die Suche nach dem besten Freund

Mit dem Erwachsenwerden machen sich viele Jungen auch Gedanken über den einen besten Freund. Viele Freundschaften entstehen schon im Kindergarten und auch daraus kann eine wirklich gute Verbindung entstehen, die ein Leben lang hält.

Aber es kann auch sein, dass solche Bande erst später geknüpft werden. Hierbei musst du vielleicht auch Erfahrungen machen, die nicht so schön sind. Aber das gehört dazu. Es kann auch sein, dass du sofort deinen besten Freund findest, mit dem du ganz tolle Augenblicke verbringst.

Wichtig ist, dass du immer aufgeschlossen und freundlich zu den Menschen bist, mit denen du täglich zusammen bist. Wenn das kein Problem für dich ist, geben sie dir das Gleiche auch zurück und du wirst schon sehr bald erkennen, wer wirklich zu dir passt.

Setze dich dabei nicht unter Druck: Auch wenn es ein wenig länger dauert, wirst du ganz sicher den Freund finden, der zu dir passt und mit dem du später durch Dick und Dünn gehen wirst: Einfach ein wahrer bester Freund!

145. Plötzlich stärker

Mitten in der Pubertät wirst du auch herausfinden, dass du bedeutend stärker bist, als zuvor. Wie du jetzt weißt, liegt es am Wachstum deiner Muskeln, der Größe und auch der emotionalen Reife.

Aber dennoch solltest du immer auf dem Boden der Tatsachen bleiben und deine Veränderung nicht gegen andere Menschen oder Mitschüler wenden.

Das heißt: Lasse dich nicht zu Raufereien überreden. Auch wenn der Anlass wirklich verlockend zu sein scheint, kann das nicht die Lösung sein. Du fühlst dich kräftiger und stärker. Das darfst du auch! Aber das heißt nicht, dass du deine Kraft gegen andere anwenden solltest. Denke immer an die Folgen, bevor du eine solche Entscheidung triffst. Dann wirst du auch keinen Fehler begehen.

Schlusswort

Das war aufregend, oder was meinst du?

Ganz bestimmt hast du sehr viel Neues erfahren, aber durftest auch Näheres über Dinge hören, die du ein Stück weit schon erlebt hast. Die Pubertät ist eine Phase voller Spannung und Aufregung. Du wirst Dinge erleben, die du dir jetzt nicht vorstellen kannst und die unglaublich sind. Sie werden in deinem Gedächtnis verweilen und wer weiß, vielleicht erinnerst du dich auch noch in vielen Jahren an diese aufregende Zeit zurück.

Ganz klar: Du wirst auch sehr oft an deine Grenzen stoßen. Damit bist du aber nicht allein. Höre dich bei deinen Freunden um. Wer hat denn nicht einmal Streit mit den Eltern, weil sie etwas einfach nicht verstehen wollen? Und warum möchte das Mädchen, dass du so gerne hast, es einfach nicht sehen? Warum kommt sie nicht auf dich zu und erkennt, was für ein toller Junge du bist? Oft braucht es erst einen kurzen Blick hinter die Kulissen! Deine Eltern lieben dich und machen sich nur Sorgen. Und das Mädchen, dass dich nicht sehen „will", sieht dich vielleicht. Doch sie ist einfach nur zu schüchtern, um ihre Gefühle mit dir zu teilen. Aber den richtigen Weg wirst du schon finden.

Die Pubertät ist ein Auf und Ab der Gefühle. Wenn du denkst, schon alles gefühlt und gesehen zu haben, kommt schon etwas Neues auf dich zu. Es wird nie langweilig und du hast immer etwas zu erzählen.

Erlebe Aufregendes mit deinen Freunden und mache Erfahrungen, die dich später in deinen Entscheidungen nur noch mehr unterstützen werden.

Lerne selbstständig zu sein und eine Wahl zu treffen, ohne dich nach einer anderen Meinung zu erkundigen. Wähle aber mit Bedacht und denke immer daran, was eine Entscheidung nach sich ziehen kann.

Kraft, Mut, Veränderungen und Gefühle: Das klingt nach sehr viel Arbeit. Aber du wirst sehen, wie schnell die Zeit vergeht und vielleicht nimmst du einige Dinge nur nebenbei wahr.

Setze dich nicht unter Druck und bleibe ganz entspannt. Du musst niemandem etwas beweisen! Gestalte dein Leben so, wie du es für richtig hältst. Du hast Menschen an deiner Seite, die zu dir halten und dir einen Tipp geben, sollte es nötig sein.

Nimm Ratschläge an und höre auf dein Herz. Dann liegt eine wundervolle Zeit vor dir, die du so schnell nicht mehr vergessen wirst!

Lerne neue Freunde kennen, entdecke die große Liebe und finde dich in Momenten wieder, die einfach nur unvergesslich und unbeschreiblich sind. Es ist dein Leben!

Jahre später wirst du noch davon schwärmen und von solchen Momenten immer wieder erzählen wollen.

Und schon bald wirst du ein Mann sein, der mit einem Lächeln zurückblickt und sagen kann: Meine Pubertät war toll und unvergesslich! Ich bin stolz darauf!

Impressum

Deutschsprachige Erstausgabe August 2021

Copyright © 2021 Kai Burkmann

Alle Rechte vorbehalten
Nachdruck, auch auszugsweise, nicht gestattet
Das Werk, einschließlich seiner Teile, ist urheberrechtlich geschützt. Jede Verwertung ist ohne
Zustimmung des Verlages und des Autors unzulässig. Dies gilt insbesondere für die elektronische
oder sonstige Vervielfältigung, Übersetzung, Verbreitung und öffentliche Zugänglichmachung.

Jens Steingröver / Dannhalmsburg 27 / 26441 Jever

Covergestaltung: Denise Gahn
Lektorat: Heidi Hofmann
Coverfoto & Bilder im Buch: Lizenzen wurden erworben.
Herstellung und Verlag:
   1. Auflage BEJ Verlag

   Taschenbuch ISBN: 978-3-9823618-0-2

Haftungsausschluss

Der Inhalt dieses Buches wurde mit großer Sorgfalt geprüft und erstellt. Für sämtliche Inhalte kann
jedoch keine Garantie übernommen werden. Dies gilt weder für die Richtigkeit, Vollständigkeit,
noch Aktualität der Inhalte. Alle enthaltenen Informationen basieren lediglich auf die eigene
Meinung und persönliche Erfahrung des Autors. Der Inhalt darf keines Falls als medizinische
Hilfe gesehen werden. Für selbstverursachte Schäden und Fehlhandlung des Lesers wird daher
keine juristische Haftung Seitens des Autors übernommen. Zudem garantiert der Autor keinerlei
Erfolge mit dem im Buch erwähnten Informationen, da diese wie oben genannt nur auf persönliche
Erfahrung des Autors basieren und lediglich als Unterhaltung diesen sollen. Die Verantwortung für
die im Buch beschriebenen Ziele liegt einzig und allein beim Leser selbst.

Printed in Germany
by Amazon Distribution
GmbH, Leipzig